BIBLIOTHÈQUE DE L'ART ET DE LA CURIOSITÉ

MARIUS VACHON

LA BIBLIOTHÈQUE DU LOUVRE

ET

LA COLLECTION BIBLIOGRAPHIQUE MOTTELEY

PARIS

A. QUANTIN, IMPRIMEUR-ÉDITEUR

7, RUE SAINT-BENOIT

1879

Photographie sur acier par Mme P. Riffaut — A. Riffaut Sc.

BIBLIOTHÈQUE DU LOUVRE

Imp. Delamain et Sarazin r. Git le Cœur 8

L'ART FRANÇAIS

PENDANT

LA GUERRE DE 1870-1871 ET LA COMMUNE

I

MINISTÈRE

DE LA MAISON DE L'EMPEREUR ET DES BEAUX-ARTS.

M. *est autorisé*

à visiter avec trois personnes la Bibliothèque du Palais du Louvre.

Le Ministre de la Maison de l'Empereur
et des Beaux-Arts,

Mal Vaillant

JOURS D'ENTRÉE :

LA BIBLIOTHÈQUE

DU LOUVRE

ET

LA COLLECTION BIBLIOGRAPHIQUE

MOTTELEY

CETTE ÉDITION A ÉTÉ TIRÉE A 300 EXEMPLAIRES

NUMÉROTÉS A LA PRESSE

Nº 1.	Sur peau vélin.
Nos 2 à 16.	Sur whatman.
Nos 17 à 31.	Sur chine.
Nos 32 à 300.	Sur hollande.

Le no 1 a trois suites de gravures, les nos 2 à 31 deux suites,

les nos 32 à 300 une suite.

EXEMPLAIRE de Madame Henri Gréville

Marius Vachon

MARIUS VACHON

LA BIBLIOTHÈQUE
DU LOUVRE

ET

LA COLLECTION BIBLIOGRAPHIQUE

MOTTELEY

FAC-SIMILE DU TABLEAU DE HÉBERT

PARIS
A. QUANTIN, IMPRIMEUR-ÉDITEUR
7, RUE SAINT-BENOIT
1879

NAPOLÉON Ier par M Hebert
(Bibliothèque du Louvre)

Pouzzelle sc Imp. A Quantin

LA BIBLIOTHÈQUE
DU LOUVRE

HISTORIQUE — INCENDIE — RICHESSES

I

ANS les dernières convulsions de sa terrible agonie, la Commune a fait bien des ruines. Elle a incendié le vieux palais municipal de Paris, berceau et symbole de ses libertés civiques, l'hôtel du peuple, le monument qu'elle aurait dû en cette considération épargner, si les autres lui paraissaient les « repaires du despotisme ». Elle a détruit les Tuile-

ries, la Légion d'honneur, le ministère des Finances, la colonne Vendôme, la Cour des Comptes, le Grenier d'abondance, le Palais-Royal et une partie du Palais de justice. Dans ces épouvantables sinistres ont disparu mille souvenirs précieux qui se rattachaient intimement à tous les événements historiques de la vie sociale et politique de la France. Chaque pierre de l'Hôtel de Ville n'était-elle point, pour ainsi dire, le *testimonial* éclatant d'une conquête de l'esprit humain sur la matière, de la liberté sur le despotisme? Ces glorieuses figures qui formaient autour du monument comme une ceinture de protection et d'honneur représentaient ces génies populaires dont notre pays est si justement fier, ces hommes qui, dans l'industrie, dans les sciences, dans les arts, dans la politique, ont été des créateurs féconds, des flambeaux éclatants, qui guident l'humanité vers le progrès; presque tous hommes du peuple, partis d'en bas pour arriver au plus haut sommet de la gloire par le travail et l'honneur : Voltaire, d'Alembert, Montyon, Monge, Ambroise Paré, Papin, saint Vincent de Paule, Jean Goujon, Sully, Mathieu Molé, Turgot, Molière, Colbert, Condorcet, Lavoisier, etc.

Des merveilles de tous genres, des chefs-d'œuvre d'art, l'*Apothéose de Napoléon I*er, d'Ingres, le *plafond de la Paix,* de Delacroix, etc., ont péri, engloutis dans ces gouffres de feu, torchères gigantesques que la Commune avait allumées pour ses funérailles.

Mais de tous ces sinistres le plus épouvantable, celui dont la nouvelle causa la plus douloureuse émotion dans le monde civilisé, est l'incendie de la Bibliothèque du Louvre. Là, les pertes sont immenses et irréparables. Sur la place de Grève nous retrouverons dans quelques années notre vieil hôtel municipal relevé; le Palais-Royal renaît de ses ruines tout flambant neuf, comme le jour où le cardinal de Richelieu l'inaugurait au milieu de sa cour galante et fastueuse. L'œuvre de Philibert Delorme eût pu être réédifiée dans toute sa grâce majestueuse; la Légion d'honneur a reconstruit son charmant et coquet hôtel; mais qui pourra nous rendre les richesses et les merveilles de la Bibliothèque du Louvre? Les millions sont impuissants et inutiles pour cette œuvre de restitution. Ces cent mille volumes dont le vent a dispersé les cendres sont à jamais perdus; et leur destruction a produit dans la fortune intellectuelle du monde une brèche qui ne sera et ne peut être réparée. Quelle épouvantable chose que cette guerre civile, qui a armé les uns contre les autres les hommes d'une même nation, d'une même cité, dont les cœurs avaient battu de si longs mois sous l'impression des mêmes souffrances, des mêmes espérances déçues par une impitoyable fatalité! qui a fait tant de veuves et d'orphelins! qui a semé tant de ruines dans la rue et dans le foyer! Puissent la paix et la concorde relever complètement les unes et les autres; et, si le souvenir de cette triste période ne doit point s'éteindre, que du moins les haines qu'elle a engendrées disparaissent à jamais ! !

II

La Bibliothèque du Louvre a été incendiée dans la nuit fatale du 23 au 24 mai 1871. Après avoir mis le feu aux Tuileries et au Palais-Royal, la bande d'incendiaires que dirigeaient le général Bergeret, le colonel Benot, ancien bouvier employé aux abattoirs de la Villette, Napias-Piquet, le capitaine Boudin, etc., vint poursuivre par le Louvre son œuvre de destruction. « A trois heures du matin, lisons-nous dans un rapport adressé au commandant du génie en chef de la rive droite par le garde-portier de l'ancienne caserne du Louvre, M. Périllat, Benot me fit demander pour ouvrir les grilles de la caserne qui donnent sur la galerie Richelieu et celles qui donnent en face de la place du Palais-Royal, et sur les jardins. Il fit entrer dans la grande cour de la caserne quatre caissons de munitions, quatre mitrailleuses et deux pièces de canon. Je lui demandais ce qu'il voulait faire de tout ce matériel de destruction. Il me répondit : « Je vais te le

« dire, viens avec moi. » Il était suivi de tous ses hommes; il me fit conduire au bout de la galerie Richelieu sur les jardins; il fit mettre deux hommes de chaque côté de moi, armés de pistolets, et voici sa harangue : « Regarde brûler le château de tes « maîtres et, après, ta caserne avec toi. » Il me fit relâcher en ajoutant : « Sois prêt à mes premiers « ordres. » Je prévins de suite M. D... et Mme C... de partir avec leurs enfants, et je retournai chez moi; ma femme était prête; je lui dis : « Partons vite. » Je priai un clairon de sapeurs-pompiers d'accompagner ma famille jusqu'au coin de la rue Marengo. Je la suivais de près; il me remit mon petit paquet, que je lui avais confié et me donna le mot d'ordre qui était : Lyon. »

Vers quatre heures et demie, cinq heures, les incendiaires commençaient leur terrible travail. Une dizaine d'individus portant des torches, des bidons de pétrole, accompagnés de quelques femmes, pénétraient du côté de la caserne, par un escalier particulier, dans la salle de réserve de la bibliothèque, située au deuxième étage, et dont ils enfonçaient la porte. Ils n'avaient pu s'introduire dans les salles publiques; la grande porte massive de l'entrée principale avait résisté à leurs efforts. Le feu, alimenté par les papiers et les livres, devint rapidement intense et gagna la salle Motteley, par les diverses travées le cabinet du conservateur, M. Barbier, et enfin la grande salle. En moins d'une heure, tout était embrasé; les plafonds, les colonnes de pierre s'effondraient avec un bruit épouvantable ; lorsque les troupes de Versailles arrivèrent sur la place du Palais-Royal et sur la place du Carrousel, il ne restait plus de la Bibliothèque du Louvre que des pans de murs calcinés et des poutres de fer tordues ou brisées malgré leur épaisseur. Napias-Picquet, qui faisait mettre le feu aux maisons de la rue de Rivoli et activait l'ardeur de ses hommes à coups de canne, en leur répétant qu'il ne fallait pas qu'il restât pierre sur pierre de « tout ce quartier d'aristos », fut pris sur le lieu même par la troupe et fusillé immédiatement; on trouva sur lui la note de son déjeuner de la veille, qui s'élevait à 57 francs. Benot fut arrêté plus tard. Dardelle, le gouverneur des Tuileries, et Bergeret purent se sauver et gagner l'étranger.

La Bibliothèque du Louvre a été complètement détruite par l'incendie. Dans les décombres on a retrouvé quelques volumes ou manuscrits, à moitié calcinés ou hors de service, qui ont été déposés à la Bibliothèque de l'Arsenal. Il est rentré également un certain nombre de volumes prêtés à diverses personnes ou qui se trouvaient chez des relieurs; mais ces restitutions n'ont pas grande importance, les ouvrages étant dépareillés.

Les seules épaves que l'on possède de la bibliothèque, épaves fort précieuses, sont le célèbre *Évangéliaire* dit *Heures de Charlemagne ; la profession de foi des commandeurs de l'ordre du Saint-Esprit;* avec quelques lignes de la main de Henri III et les signatures autographes des Commandeurs, depuis 1578 jusqu'en 1789. 1 volume petit in-4°, avec riche reliure de Capé, aux armes de Henri III, aujourd'hui conservé à la Bibliothèque nationale, ainsi que le premier manuscrit; *le Sacre de Napoléon Ier*, avec dessins originaux d'Isabey, Percier et Fontaine, 1 volume grand in-8°; les *Œuvres d'Ossian,* traduction de Letourneur, vol. in-4°, exemplaire offert en hommage à Napoléon vers 1810. En tête de cet exemplaire se trouve un dessin original d'Isabey, d'après un tableau de Gérard. Ce tableau, acquis par le roi de Suède, Charles-Jean, a été perdu en mer avec le vaisseau qui le portait.

Lorsque l'on créa le Musée des souverains, on rechercha dans les musées et les bibliothèques publiques les divers objets de toute nature qui avaient appartenu aux rois de France. Les manuscrits ci-dessus furent distraits de la Bibliothèque du Louvre. C'est à cette circonstance que l'on doit leur conservation. L'*Évangéliaire de Charlemagne* est un in-folio presque entièrement écrit en lettres d'or sur fond pourpre et orné de six magnifiques miniatures; chaque page est encadrée par des arabesques. Il a été écrit par ordre de Charlemagne et de l'impératrice Hildegarde et donné par lui à l'abbaye de Saint-Sernin de Toulouse à l'occasion du baptême de son fils Pepin. La ville de Toulouse en fit présent en 1811 à Napoléon Ier, peu de temps après la naissance du roi de Rome.

On a prétendu que la Bibliothèque du Louvre avait été pillée avant l'incendie ou tout au moins que l'on y avait opéré pendant la Commune une razzia des ouvrages et manuscrits les plus précieux. Cela n'est point exact. Un brave et loyal serviteur, M. Anglo, qui est resté à son poste de gardien-concierge de la Bibliothèque, même pendant l'incendie et qui a failli être fusillé vingt fois, nous a déclaré que dans la période du 18 au 23 mai, où le personnel ne put se rendre au Louvre par suite de l'établissement des barricades autour du monument, personne ne pénétra dans la Bibliothèque, à aucun moment; les nombreuses rondes qu'il faisait dans toutes les parties du service et dans les salles ne lui ont jamais révélé le moindre fait d'intrusion ou de vol, et il croit pouvoir affirmer d'une manière certaine qu'aucun volume n'a été enlevé avant l'incendie. Une seule fois, au commencement de la Commune, on surprit dans une salle du deuxième étage trois ou quatre gardes nationaux, qui s'y étaient introduits par l'escalier privé du côté de la caserne. Depuis cet incident, la porte avait été soigneusement fermée au moyen de verrous, et jamais l'on n'avait constaté aucune effraction. D'ailleurs, jusqu'aux derniers jours, les conservateurs et les employés, ceux qui n'avaient pas quitté Paris, purent continuer leur service. Dès le 24 mai, M. Barbier fut prévenu de l'incendie ; il fit plusieurs tentatives pour se rendre au Louvre ; elles furent infructueuses, et c'est seulement le lendemain qu'il put voir avec douleur les restes encore fumants des précieuses et inappréciables collections, dont la garde lui avait été confiée depuis tant d'années.

III

La Bibliothèque du Louvre avait été créée sous la Restauration, pendant les ministères de M. le comte de Blacas et de M. le comte de Pradel, par A.-A. Barbier, le savant bibliophile, qui avait déjà été chargé en 1798 par François de Neufchateau de constituer une bibliothèque spéciale pour le Conseil d'État au moyen d'ouvrages choisis dans les dépôts littéraires de Paris et de Versailles contenant 1,500,000 volumes environ, enlevés des résidences royales, des bibliothèques, des couvents et des hôtels et châteaux des émigrés. Vers 1822, cette bibliothèque reprit son ancien titre de Bibliothèque du cabinet du roi. Sous le règne de Louis-Philippe, on lui donna le nom de Bibliothèque du Louvre ; elle était installée à cette époque dans les bâtiments du bord de l'eau. Elle fut successivement accrue par l'adjonction totale ou partielle de dépôts divers supprimés, tels que ceux des Tuileries, de l'Intendance de la liste civile, de l'Élysée, etc. Au moment de l'incendie, la Bibliothèque du Louvre, qui était dirigée par le fils de son illustre fondateur, comptait plus de cent mille volumes.

Après le 4 Septembre, M. Barbier avait pris l'initiative de la faire réunir aux Musées du Louvre et affecter spécialement aux artistes et amateurs.

Dans une intéressante notice de M. Rathery, publiée en 1858 par le *Bulletin du bibliophile*, nous trouvons de précieux renseignements sur la composition de la Bibliothèque du Louvre. Nous les reproduisons textuellement :

« Formée primitivement à l'usage du pouvoir exécutif, puis affectée au Conseil d'État, puis enfin rapprochée, dans la maison du souverain, des chefs-d'œuvre des arts qui en constituent comme une dépendance, la Bibliothèque du Louvre se ressent, dans sa composition générale, des circonstances diverses qui ont présidé à son développement. Ainsi à un fonds primitif d'ouvrages sur le droit public, l'administration, les finances, l'économie politique, l'histoire, est venue s'adjoindre une riche et précieuse collection de livres, de traités, de recueils sur les beaux-arts, peinture, sculpture, architecture, ornementation, etc., que leurs prix élevés interdisent trop souvent au budget modeste des bibliothèques publiques, et qui sont utilement consultés, soit par l'administration du Musée, soit par les architectes du Louvre, soit même par les ordonnateurs des fêtes royales et impériales. Le goût personnel des souverains n'a pas été sans influence sur le choix des ouvrages à diverses époques. Ainsi, les prédilections littéraires du roi Louis XVIII se reconnoissent dans de belles collections des classiques latins et françois. Les études favorites de quelques princes de la maison d'Orléans et des empereurs Napoléon Ier et Napoléon III ont amené un développement notable dans la section qui regarde la théorie et l'histoire de l'art militaire, et souvent les dépôts du Louvre ont pu fournir aux camps de Compiègne, de Fontainebleau, etc., des bibliothèques militaires destinées au délassement et à l'instruction des officiers de l'état-major. Enfin, l'on ne s'étonnera pas que les travaux personnels de quelques-uns des conservateurs aient laissé des traces dans l'établissement confié à leurs soins. Ainsi, le savant auteur du *Dictionnaire des Anonymes*, non-seulement a enrichi par des acquisitions judicieuses, mais encore a consigné, dans des notes écrites de sa main sur les volumes ou sur des feuillets séparés, des renseignements précieux, fruits de son érudition et de son expérience, et que l'on chercherait vainement ailleurs. Le contingent de la littérature italienne, déjà grossi, sous l'Empire, par les envois du royaume d'Italie, s'augmenta encore par les soins de M. Valery et par l'acquisition, après sa mort, d'un choix des livres italiens de sa bibliothèque particulière.

« La division des belles-lettres est assez riche en ouvrages et réimpressions modernes.

« L'histoire des pays étrangers, aussi bien que leur littérature, est, à la Bibliothèque du Louvre, comme dans la plupart de nos dépôts publics, de cinquante ans en arrière. Sauf les publications de la Commission des *Records*, présent du gouvernement anglais, celles du Congrès des États-Unis, et quelques autres des pays scandinaves, procurés par échange et par l'intermédiaire de M. Vattemare, les importants travaux de l'Angleterre, de l'Allemagne et des États du Nord, depuis le commencement du siècle, n'ont trouvé que peu ou point d'accès sur nos rayons. En revanche, les généralités de l'histoire, et de l'histoire de France en particulier, y sont très-convenablement représentées. Les grandes collections des Bollandistes, des Bénédictins, de l'Académie des inscriptions, etc., s'y trouvent presque toutes, et le plus souvent dans les plus belles conditions. Histoire de la Révolution, de l'Empire, de la Restauration, histoire contemporaine, mémoires, polémique, pamphlets même, tous ces documents y abondent, et l'on peut y rencontrer, sur chacune des phases politiques que nous avons traversées, les témoignages pour et contre, ce qu'il faut attribuer moins encore aux vicissitudes dynastiques qu'à l'impartialité qui a présidé à la plupart des choix.

« Ceci nous amène à parler de certaines collections factices qui forment comme des groupes séparés dans la série générale, et qu'il peut être utile de signaler parce qu'elles ne se trouvent point ailleurs.

« 1° La première dans l'ordre bibliographique et la plus considérable est celle dite de *Saint-Genis*, recueils, tant imprimés que manuscrits, d'arrêts, ordonnances, lettres patentes, édits, etc., formée par la famille parlementaire de ce nom et par le jurisconsulte Gillet. Elle s'étend depuis l'an 305 jusqu'à 1789. Mais, pour les temps anciens, et jusque vers le second tiers du XVIIe siècle, elle renferme moins de pièces proprement dites que de renvois à des collections imprimées, où il est presque toujours facile de les trouver. Le tout, avec de nombreux suppléments, ne forme pas moins de 800 volumes et cartons in-4°. La table manuscrite seule en a 85.

« 2° *La bibliothèque Pétrarquesque*, formée par les soins du professeur Antoine Marsand et acquise de lui en 1826 par le roi Charles X, se compose de 862 volumes et de 736 ouvrages, dont plusieurs manuscrits précieux et un grand nombre d'éditions rares des premiers temps de l'imprimerie.

« 3° Vient ensuite la collection dite le *Recueil A*, commencée par le libraire Nyon, et portée au nombre actuel de 1,000 volumes par les soins des bibliothécaires du Louvre, qui l'ont continuée.

« Elle se compose de pièces de médiocre étendue sur des sujets fort divers. On y trouve quelques rares livrets du XVIe siècle et du commencement du XVIIe, des thèses latines et allemandes de la même époque, mais surtout un grand nombre de documents pour l'histoire de la presse et de la littérature au XVIIIe et au XIXe siècle : almanachs spéciaux et provinciaux, catalogues et prospectus de librairie, polémique philosophique et littéraire, éloges académiques, vers et satires, beaucoup de ces pièces de circonstance composées de quelques feuillets et si difficiles à retrouver au bout d'un certain temps.

« 4° Le *Recueil sur la Révolution*, en 768 volumes ou cartons, est précieux, moins encore par le choix et l'abondance des pièces qui le composent que par le dépouillement minutieux qui en a été fait et qui permet de retrouver à l'instant la moindre de ces pièces, grâce aux inventaires et catalogues qui l'accompagnent.

« Un autre recueil acquis de M. Viollet-le-Duc qui l'avait formé, et renfermant 131 volumes in-8°, in-12 et in-18, peut passer pour un appendice de celui de la Révolution. En effet, sous le titre assez inexact de *Théâtre révolutionnaire*, il comprend non-seulement un grand nombre d'œuvres dramatiques représentées ou composées de 1788 à 1825, mais encore une foule de pamphlets en vers et en prose, de satires, pièces fugitives, poëmes lyriques, chansons avec musique, dont la plus grande partie se rapporte aux événements et à l'époque de la Révolution. »

Outre quelques curiosités dont nous ne donnerons pas ici la description et certains volumes annotés par des hommes célèbres tels que Cujas, Pithou, Loisel, Bossuet, la Bibliothèque du Louvre possédait un certain nombre de manuscrits. Beaucoup étaient des copies dont les originaux se retrouvent ailleurs. Bornons-nous à citer dans cette catégorie : *Mémoires secrets du Parlement de Paris, depuis 1302 jusqu'à sa suppression par l'Assemblée constituante,* 45 volumes in-4° avec table ; *Recueil des Registres du Parlement depuis 1319 jusqu'en 1670,* 72 volumes in-f°, magnifique copie avec ancienne reliure en maroquin rouge ; — *Extraits des Registres secrets du Parlement de 1500 à 1720,* 70 volumes in-f° ; — *Inventaires du Trésor des Chartes, Chartes de Lorraine et de Bar,* formant une quarantaine de volumes in-f° ; — un beau manuscrit persan du *Shah-Nameh,* avec vignettes, offert à Louis-Philippe, etc.

D'autres étaient des manuscrits originaux et précieux, soit au point de vue paléographique ou artistique, soit en raison des documents qu'ils renfermaient ; la *Bulle sur papyrus du pape Agapet,* de l'année 951 ; des séries de dessins originaux, ayant servi à l'illustration de divers grands ouvrages et payés magnifiquement aux auteurs ou à leurs héritiers : *Traité des arbres et arbustes de Duhamel,* exemplaire sur peau vélin, avec dessins originaux de Redouté ; les *Pigeons* de Mme Knip ; le *Choix des plus belles fleurs* et les *Roses* de Redouté; la *galerie de Florence* de Wicar. Signalons encore les *Dessins d'architecture pour le Louvre et Versailles, l'Observatoire*, etc., par Claude Perrault : 2 volumes in-f°, avec texte explicatif et autographe de Charles Perrault.

Enfin, quoique plus modestes dans leur extérieur, certains manuscrits pouvaient fournir de précieuses lumières à l'histoire proprement dite et à l'histoire littéraire. Tels étaient plusieurs recueils de *Pièces provenant des Archives de Joursanvault*, et principalement relatives aux dépenses du duc et de la duchesse d'Orléans au XIVe siècle ; — le manuscrit sur peau vélin contenant le *Contrôle des dépenses et payements de la Maison du duc de Bedfort*, depuis le 1er octobre 1427 jusqu'au 30 septembre 1428; — les *Minutes et Correspondances du secrétaire d'État Bourdin*, de 1552 à 1566, 9 vol. in-f° ; — les *Papiers de Noailles*, de 1576 à 1730, 30 vol. in-f° ; — les *Papiers de d'Argenson*, de 1630 à 1757, 61 tomes en 56 vol. in-f° et in-4° ; — les *Lettres autographes de Louis XIV et des personnages de sa famille, de sa cour et de son temps*, 1 vol. in-f°; — les *Archives du Grand Maître des cérémonies*, de 1805 à 1813, 14 vol. in-4°; — l'*État des dépenses faites au Temple pour la famille royale depuis le 13 août jusqu'au 10 novembre 1792*, par le commissaire Verdier, 1 vol. in-f°, etc., etc.

Dans la littérature, indépendamment des *Lettres*

et manuscrits autographes de Vauvenargues, qui ont servi à la nouvelle édition de M. Gilbert, nous mentionnerons les *Vies des poètes français* et divers autres manuscrits de Guillaume et de François Colletet.

M. Baudrillart, membre de l'Institut, inspecteur général des bibliothèques, signale, dans son Rapport au ministre de l'instruction publique sur les pertes éprouvées par les bibliothèques publiques de Paris pendant le siège et la Commune, plusieurs autres ouvrages très importants qui ont également disparu dans l'incendie de la Bibliothèque du Louvre: la *Botanique de J.-J. Rousseau,* avec dessins originaux de Redouté; les *Huit Herbiers,* manuscrit autographe de Mme de Genlis, avec dessins originaux, gros volume in-4°; les *Oiseaux* d'Audubon (*the birds of America*) avec 435 planches coloriées; l'*Ordonnance de Louis XI pour l'ordre de Saint-Michel,* beau manuscrit du XVe siècle; *Paris, Saint-Cloud et dépendances,* avec les dessins originaux de Fontaine; l'*Essai sur quelques caractères* de Vauvenargues; les *Victoires et Conquêtes des Français,* 27 volumes publiés par Panckoucke, exemplaire unique sur vélin, acheté par Charles X cinquante et quelques mille francs; le *Rabelais* de l'abbé Morellet, couvert d'annotations manuscrites, 4 volumes in-12, cédé au Louvre par M. Burgault-Desmarets en échange de livres doubles.

Un érudit bibliophile, M. Louis Pâris, a publié un catalogue annoté des manuscrits de la Bibliothèque du Louvre. Ce catalogue comprend 348 numéros, ainsi divisés : *Théologie*, 14. — *Jurisprudence et diplomatie*, 65. — *Philosophie, Morale, Sciences et Arts, Économie politique*, 90. — *Belles-Lettres*, 5. — *Géographie, Voyages et prolégomènes historiques*, 27. — *Histoire*, 139.

Parmi les manuscrits précieux énumérés dans ce catalogue, nous citerons encore :

Une Bible in-4° sur vélin, à deux colonnes, reliure de Simier, portant sur la dernière feuille la note suivante : *Ista biblia fuit gloriosissimi sancti Ludovici quondam regis Francorum*.

Consecratio regis, sur vélin, du XIVe siècle, avec ornements encre et couleur ; relié aux armes royales.

Exposition de l'Église catholique, par Bossuet, édition originale dite d'amis, imprimée en 1671 à douze exemplaires, portant sur les marges de nombreuses corrections de la main de Bossuet.

Lettres écrites de 1739 jusqu'en 1745 au président à mortier d'Aix, de Saint-Vincent, par Vauvenargues.

Les Huit Herbiers de Mme de Genlis, avec dessins originaux, 1 vol. in-4°. (Dans le tome V de ses mémoires, Mme de Genlis donne des détails sur cet ouvrage original et singulier.)

Les Problèmes de géométrie pratique, exécutés et mis au trait par le duc de Bourgogne. Vol. in-4°, aux armes royales.

Généalogie de la maison de France depuis saint Louis jusqu'à Louis Dauphin, né en 1661, par Serrasois *(invenit, pinxit et scripsit)* vers 1673; manuscrit sur vélin, monté sur soie et formant un rouleau de 14 p. de long sur 20 p. de large, orné de douze portraits peints de rois ou princes, de blasons et de cartouches en or et en couleur.

Copie du temps de la Lettre du roi François Ier à Mme de Savoie, sa mère, quand il fut fait prisonnier.

Lettres autographes de Henri II, du cardinal de Lorraine, du duc de Savoie, Emmanuel-Philibert, de Martin du Bellay, de Montanus, de Tarannes, du duc de Guise, du cardinal de Mazarin, de Louis XIV.

Archives du grand maître des cérémonies; correspondances et procès-verbaux des cérémonies et audiences diplomatiques depuis 1805 jusqu'en 1813. 14 vol. in-4°, acquis sous Louis-Philippe, et ayant fait partie de la Bibliothèque du comte de Ségur, grand maître des cérémonies sous le premier Empire.

Journal historique et littéraire de Collé, depuis le 4 septembre 1748 jusqu'en 1772. 9 volumes.

Manuscrit de A. Mickiewicz.

*Les Croniques et Gestes des très hauts et très vertueux faits du très-crestien roi François, premier de ce nom, comancées au temps de son aduenement à la couronne, qui fut l'an de grace du S*r. *mil* VC XIIII, *le lundi premier jor du moys, premier jor de la sepmayne et p[re]mier jor de la en bonne estrayne.* 1 vol. in-f°; manuscrit sur vélin in-folio, à deux colonnes, de

64 pages, relié en velours vert, exécuté par ordre de François I[er] sous la direction d'André de la Vigne, « *indigne croniqueur du roy et secretaire de la royne,* » et contenant une relation complète et détaillée de toutes les cérémonies du sacre. Cet ouvrage, enrichi de peintures et de lettres initiales coloriées de la plus grande beauté, avait été acheté 2,000 et quelques cents francs, par ordre de Louis-Philippe, à la vente de M. John North, pour être remis à la princesse Marie d'Orléans, qui, après avoir conservé le précieux manuscrit pendant plusieurs années, en fit don à la Bibliothèque du Louvre.

Collection de portraits des membres de l'Institut: Dessins originaux, par J. Boilly.

Comptes des recettes et dépenses de la Caisse particulière de S. M. l'Empereur, dite *Petite Cassette,* depuis l'année 1804 jusqu'en avril 1814; 2 petits volumes in-folio, manuscrits, reliés en maroquin vert, aux armes impériales.

IV

La décoration artistique de la Bibliothèque du Louvre était fort remarquable. On accédait dans les salles de lecture par un escalier monumental d'une grande hardiesse de construction, très élégant et orné de sculptures par Mme Claude Vignon. Dans la première salle, le plafond avait été peint par M. Brune et représentait *les neuf Muses*.

La grande salle se composait de trois nefs, celle du milieu soutenue par 12 piliers quadrangulaires et celles de chaque côté divisées en compartiments par des cloisons en chêne, formant corps de bibliothèque. La décoration du plafond de cette salle, divisé également en autant de parties, avait été confiée à M. Biennoury, qui y avait peint en figures allégoriques, grandeur naturelle, avec symboles et attributs, les sujets suivants : Théologie. — Jurisprudence. — Sciences et Arts. — Littérature et Poésie. — Géographie et Histoire. — Histoire générale. Ces sujets, correspondant aux diverses sections du catalogue de la Bibliothèque, se développaient dans la longueur de la galerie ; mais chacun servait aussi de texte à la décoration des compartiments latéraux. Les motifs du milieu de forme circulaire avaient $1^{m},78$ de diamètre, et ceux de côté, octogones, $1^{m},60$ à $1^{m},25$. Cette mesure n'était pas rigoureusement exacte de l'entrée de cette salle à son extrémité, par suite du manque de parallélisme du Louvre avec les Tuileries. M. Denuelle avait peint les entourages ainsi que des médaillons contenant des portraits d'écrivains célèbres. Toute cette décoration était en camaïeu roussâtre.

Au delà de cette vaste galerie se trouvait une grande salle d'honneur ayant vue sur la cour Napoléon III. Au plafond de cette salle était une copie, faite par M. Abel de Pujol, de la fresque qu'il avait peinte en 1819 dans le grand escalier du Louvre de Percier et Fontaine, démoli plus tard par Visconti. Cette composition représentait *la renaissance des arts*. En voici la description d'après l'ouvrage de M. le comte de Clarard sur le Louvre : « Au milieu d'un ciel éclatant de lumière, le génie des beaux-arts, un flambeau à la main, les fait sortir des ténèbres où les retenait le Fanatisme. La Peinture, la Sculpture, l'Architecture et la Gravure, que l'on reconnaît à leurs attributs, se tenant comme des sœurs par la main, s'élèvent vers le céleste séjour. La Vérité, le Commerce, la Liberté et la Paix les encouragent et prennent part à leur succès. » M. Abel de Pujol avait exécuté cette copie à l'âge de soixante-seize ans. Il mourut peu de temps après l'avoir achevée; la fatigue que lui coûta cette entreprise considérable avait fortement altéré sa santé. Ce plafond était demi-circulaire aux extrémités avec pans rectangles et contenait quelques figures de plus que l'original, dont les dimensions et la forme étaient sensiblement différentes.

Dans cette salle, sur deux cheminées monumentales en bois sculpté, œuvre de Leprêtre, étaient placées deux peintures de M. Hébert. L'une représentait Napoléon Ier et l'autre Napoléon III. Dans son Salon de 1866, Théophile Gautier les a décrites longuement. Voici les lignes du maître :

« Le premier est accompagné du Génie civilisateur de la France et du génie de la guerre, qui volent à côté de son char triomphal. L'artiste l'a figuré à l'état héroïque en vêtements blancs, la couronne de laurier d'or sur la tête, dans un ciel sombre sillonné d'éclairs.

« Napoléon III se détache sur le ciel bleu de la réalité. Il revient de la guerre d'Italie, attendant les événements, une main sur la garde de son épée et l'autre sur un bloc de granit, qui symbolise le suffrage universel. Il est en costume de général de division avec un léger manteau militaire jeté sur les épaules. Son expression est calme et rêveuse.

« Derrière lui l'Italie délivrée, soutenue par la France, lève son bras gauche où pend encore l'anneau de fer de l'esclavage ; de la main droite, elle agite un glaive. Quelques feuilles de sa couronne de laurier sont fanées, quelques perles d'or manquent à son collier et les plis du voile de crêpe dont elle se dégage indiquent le deuil qui l'a si longtemps attristée.

« La France, fière et sérieuse, coiffée de la tête de lion à la façon des vexillaires romains, étend le bras vers l'Empereur et le désigne comme celui qui a tout fait, comme l'homme du destin.

« M. Hébert, dans ce dernier tableau surtout, où la difficulté était plus grande, a très heureusement allié l'allégorie à la réalité. L'Empereur est peint avec les chaudes couleurs de la vie; les personnifications poétiques de la France et de l'Italie, par leurs nuances vaporeuses, par leurs contours fondus et leur légèreré immatérielle, montrent qu'elles sont des idées encore plus que des corps. La tête de l'Italie est ravissante. C'est Juliette plus belle et plus jeune, renaissant du tombeau et revoyant la lumière. »

Peu de temps après le 4 septembre, on essaya d'enlever ces deux peintures pour les transporter au musée du Louvre; mais comme elles étaient marouflées, on dut y renoncer. On se contenta de les recouvrir d'une toile. Il n'en reste naturellement plus trace. Les esquisses, que nous reproduisons, font partie de la collection de la princesse Mathilde.

LA COLLECTION MOTTELEY

L'UNE des plus précieuses collections de la Bibliothèque du Louvre était la collection Motteley, formée par le célèbre bibliophile de ce nom. Elle se composait de 2,000 volumes environ, tous remarquables soit par leur reliure, soit par leur rareté comme impression, ou pour avoir appartenu à de grands personnages, rois, reines, princesses de France, à de célèbres bibliophiles, etc. Mais c'est particulièrement au point de vue de la reliure que cette collection avait un grand prix et était admirée des amateurs ; on y rencontrait les reliures types les plus rares et les plus splendides, depuis le XVIe siècle jusqu'à nos jours, chefs-d'œuvre de Vérard, du Seuil, Purgold, Bozérian, Derôme, Boyer, Padeloup, Duru, Capé, Thouvenin, Bauzonnet ; reliures en bois, avec fermoirs en cuivre, en bronze, mosaïques et incrustations ; reliures en parchemin, telles qu'elles étaient lorsque l'ouvrage sortait de la librairie des Elzévir ; reliures indigènes, historiques, avec armoiries, chiffres, devises, etc. C'était un véritable musée de reliure, unique au monde peut-être.

Les ouvrages que recouvraient ces merveilleuses reliures n'étaient point indignes de leurs parures princières, et l'admiration se partageait entre l'intérieur et l'extérieur. Il y avait là une collection nombreuse de précieux elzévirs de la plus incontestable authenticité, entre autres : l'*Horace*, le *Tacite*, le *Virgile*, du comte d'Hoym ; le *Procès de Charles Stuart d'Angleterre*, exemplaire dit de Coligny ; des Ovide, des Sénèque, des Pétrone, des Lucain, des Virgile d'une conservation parfaite ; le *Rabelais* du comte d'Hoym, l'*Ovide* de Longepierre, les *Prophéties de Nostradamus*, la *Bible hébraïque* en 4 volumes, l'*Appien* et l'*Histoire romaine* de Robert Estienne, la *Bible* (1567) de François Estienne ; le *Novum Testamentum*, le *Xenophon*, 1561 (exemplaire du comte d'Hoym), de Henri Estienne ; le *Plaute* (1522), l'*Ausone* (1517), le *Livre du Courtisan* (1547) des Alde ; les *Contes de La*

Fontaine (1795), le *Boileau* (1681), le *Corneille* (1783) de Didot ; des gothiques comme les *Faits de maître Allain Chartier* (1514), etc.

Pour former la collection des elzévirs, M. Motteley avait mis quarante ans, parcourant l'Europe entière, fouillant dans leurs moindres recoins la Hollande, l'Allemagne, la Hongrie et la Belgique. Pas une bibliothèque un peu importante, pas un magasin de librairie ne lui avaient échappé. Aussi l'infatigable et ardent bibliophile avait-il acquis en cette matière une rare compétence et une science profonde, science dont il a tracé les règles dans divers ouvrages qui sont devenus le bréviaire de tous ceux qui s'occupent de bibliographie. Il avait divisé cette collection en trois parties :

1° Les elzévirs authentiques avec ou sans nom, par ordre chronologique et par imprimeries, Amsterdam, Leyde, Utrecht ;

2° Les faux elzévirs ou pseudo-elzévirs sortis des diverses imprimeries de Hollande, de Belgique, d'Allemagne et de France :

3° Les petits livres imités des elzévirs, avec leurs formats, leurs caractères et leurs fleurons.

Les dédicaces, *ex libris*, armoiries, portaient les noms suivants : François Ier, Henri II, Henri III, Diane de Poitiers, Henri IV, Louis XIII, Anne d'Autriche, Marie-Thérèse d'Autriche, Marie Lecszinksa, Alexandre VII, Grégoire VII, Pie V, Napoléon Ier, comtesse d'Artois, Mme de Pompadour,

Séguier, Grolier, comtesse de Verrue, Choiseul, cardinal Alexandre, Letellier, cardinal de Noailles, de Thou, d'Hozier, Colbert, Mme de Maintenon, cardinal Mazarin, maréchal d'Estrées, cardinal Albain, Grotius, cardinal Salviati, Marie-Antoinette, Duchesse d'Angoulême, etc., etc.

La section des manuscrits comprenait des richesses nombreuses. Nous citerons entre autres raretés :

Un *Manuscrit de la Cité de Dieu* de saint Augustin, daté de 1476, Florence, avec miniatures ; un *Virgile* du XVe siècle ; un manuscrit sur vélin, *Andrelini Fausti epistola,* adressée à Anne de Bretagne ; un *Traité de géométrie,* par Léonard de Pise, écrit dans le XIVe siècle ; un *Horace* in-folio, du milieu du XIIe siècle ; *les Evangiles et la Passion de Jésus-Christ,* manuscrit avec peintures de style byzantin, du IXe siècle ; un *Évangéliaire* du Xe siècle ; un autre du IXe siècle, avec canons or et couleur en style byzantin, offert à Agobart ; un *Extrait des Offices de Cicéron,* dédié à Enœas Sylvius, le pape Innocent II ; une *Bible* du XIIIe siècle ; un *Horace* du XIIe siècle ; les *Tables astronomiques du roi Alphonse* du XIIIe siècle ; les *Campagnes de Louis XIV,* avec plans de ville coloriés et un dessin de Van der Meulen en tête de la campagne de 1692 ; un manuscrit en langue basque de 1452, des Chartes nombreuses et des portulans très-bien conservés.

Grâce à des documents privés dont nous avons eu communication, il nous a été possible de dresser un catalogue complet de toutes ces richesses bibliographiques et de les sauver ainsi de l'oubli. Nous le publions ci-après.

M. Motteley, qui est mort en 1856, avait, de son vivant, légué au pays sa collection bibliographique.

Voici le texte de la clause spéciale de son testament relative à ce don :

Je donne de mon vivant, et en cas de mort prématurée je lègue à la nation française, sous les auspices de M. le président de la République, ma remarquable bibliothèque, à condition :

1° Que le gouvernement la fera placer dans une galerie ou salon portant cette inscription : *Musée bibliographique formé par le bibliophile Ch. Motteley;*

2° Qu'il n'y sera introduit d'autre livre ou manuscrit que ceux que le donateur y pourra ajouter de son vivant;

3° Qu'il sera construit, dans le local où elle sera établie, une longue montre en acajou, avec glaces, propre à recevoir le plus nombreux et le plus beau musée de reliures exécutées depuis Louis XII et Anne de Bretagne, jusqu'à nos jours, qu'il y ait bien certainement en Europe.

. . . .

Quant à moi ou à ma famille, je laisse à la générosité du gouvernement d'agir comme il l'entendra, lui offrant en outre, autant que mon âge et mes forces me le permettront, d'être le conservateur honoraire de ce musée, jusqu'à mon décès, mais avec l'aide d'un employé ou sous-conservateur, rétribué, qui pourra me suppléer au besoin.

Après la mort de M. Motteley, le gouvernement

fut invité à entrer en possession du legs princier du savant bibliophile. Pour nous ne savons quels motifs sérieux, le directeur de la Bibliothèque nationale, qui était à cette époque M. Taschereau, refusa d'ouvrir les portes de cet établissement à la collection Motteley. Après avoir été déposée pendant quelque temps dans une des salles du Musée du Louvre, le gouvernement décida que cette collection ferait partie de la Bibliothèque du Louvre, dirigée par M. Louis Barbier, le fils de son illustre fondateur. Conformément aux intentions du donateur, un corps de bibliothèque spécial fut affecté à la collection Motteley, et l'on installa les volumes dans des vitrines à hauteur d'appui, de manière à ce que le public pût aisément les voir et étudier leurs superbes reliures. Un buste de M. Motteley en marbre blanc sculpté par Mme Claude Vignon fut placé au centre de ces vitrines.

Toutes ces merveilles de typographie, tous ces chefs-d'œuvre de reliure ont été anéantis. En quelques minutes, le feu a réduit en cendres cette collection précieuse, que la patiente et infatigable érudition d'un bibliophile avait mis bien des années à former, volume par volume. Il n'en reste plus aujourd'hui que le souvenir, souvenir douloureux qu'aggrave encore cette triste pensée que l'on ne peut imputer cette perte immense à un caprice du hasard ou à des circonstances indépendantes de la volonté humaine. O sombre et néfaste époque, où il a été donné au monde stupéfait de voir ce spectacle navrant de compatriotes de Gœthe et de Schiller détruisant à coups d'obus la Bibliothèque de Strasbourg, et de Français — de nom seulement — brûlant dans un moment de folie, il est vrai, la Bibliothèque du Louvre ! Mais ne ravivons point les blessures qui saignent encore au cœur de tous ceux qui aiment leur pays et de tous les amis des lettres. Celui qui a jeté la première torche sur la Bibliothèque du Louvre ne connaissait point sans doute la valeur des chefs-d'œuvre qu'elle renfermait ; alors que le canonnier qui a pointé la première pièce sur le Vieux-Temple de la cité alsacienne est peut-être un docteur ès sciences philosophiques !

CATALOGUE

DE LA

COLLECTION MOTTELEY

HISTOIRE, MÉMOIRES, ETC.[1]

Robertus Gaguinus : Historia Francorum, *exemplaire de François Ier, à la salamandre, reliure à compartiments.*

Discours des choses de Lorraine, 1617, *exemplaire de Louis XIII et d'Anne d'Autriche.*

Discours des conférences des députés de Lorraine, *exemplaire de Sully, relié en vieux maroquin.*

1. Un certain nombre de désignations sont fort sommaires et quelques-unes un peu obscures; nous n'avons eu à notre disposition, pour rédiger ce catalogue, que des notes succinctes, le plus souvent presque indéchiffrables et inintelligibles par suite d'erreurs commises dans la transcription. Malgré nos recherches, il nous a été impossible de compléter ou d'éclaircir ces désignations. Nous avons craint, d'ailleurs, de nous exposer à commettre des inexactitudes en ajoutant à certains ouvrages, d'après les dictionnaires de bibliographie, des dates et des indications complémentaires.

Histoire de Reims, *Anquetil, 3 volumes in-octavo, reliure en maroquin.*

Ignatii vita, 1519, *exemplaire de Grolier et de Lorrain.*

Taciti opera, *elzévir, 1640, 2 volumes, maroquin doublé.*

Conjuration de Fiesque, *elzévir, 1665.*

Taciti opera, 1640, *elzévir.*

Mémoires de la Reine Marguerite, 1649, *édition Petti.*

Entrée de Henri II à Paris, 1549, *reliure historique du temps.*

Pièces sur l'histoire d'Angleterre, 1634.

Histoire de Luis Porto Carrero.

Instruction de Philippe V.

Abrégé de la vie de Turenne, 1676.

Mémoires concernant les amours des Rois de France.

Commentaires de César, *en français.*

Vie du Père Paul, *elzévir, 1661.*

Lettres de Louis XIV déclarant Philippe V exclu de la couronne de France, *relié en maroquin doublé.*

Florus, *en allemand,* 1647.

Vie et mort de l'amiral Coligny, *elzévir,* 1643.

La Campagne royale de 1667, 7 *volumes.*

Annales de 1538, *aux armes de Charles-Quint.*

Concile de Trente, *elzévir, 1617, maroquin doublé.*

Histoire de Henri le Grand, 1664.

Mémoires de la Duchesse de Mazarin, 1675.

Quinte-Curce de 1653, *petit in-12 demi-reliure.*

La Cour d'Auguste, 1703, *in-12 demi-reliure, non rogné.*

Philippe II et Louis XIV, 1709, *petit in-12 demi-reliure, non rogné.*

Histoire d'Osman, 1734.

Histoire pontificale de Léon X.

Mémoires de Philippe de Commines, 1648, *relié par Derome.*

Conseil d'État, 1645.
Histoire des négociations de Nimègue, *par St-Didier*, 1680.
Procès de Guillaume Stafford, 1681.
Mémoires du Duc d'Orléans, 1685.
Intrigues de la Cour de France, 1670.
Décadence de la France, 1687.
État des Provinces-Unies, 1690.
Cour de France, 1690.
France ambitieuse, 1569.
Amours du Dauphin et de la Comtesse Du Roure, 1689.
Tombeau des amours de Louis le Grand, 1680.
Valère Maxime, 1671.
Conjuration contre les Médicis, 1600.
Valère Maxime, 1640, *riche reliure.*
Histoire d'Alexandre le Grand, 1645, *relié en maroquin plein, non rogné.*
Abrégé de l'histoire d'Allemagne, *relié en maroquin plein.*
Actions de Philippe II, Roi d'Espagne, 1671, *relié en maroquin plein, non rogné.*
Mémoires de Commines, 1605.
Histoire des Grands Vizirs, 1676.
Vie de Julien l'Apostat.
Mémoires et vie de Coligny, *elzévir*, *1643.*
Florus, 1637.
Florus, *1637, exemplaire de Fouquet.*
Sulpice Sévère.
Tite-Live, *ancienne reliure, elzévir, 1634.*
Histoire des amours de Henri IV, 1664.
Histoire des amours de Henri IV, 1663.
Histoire romaine de Trogue Pompée, *exemplaire du comte d'Hoym.*
Sulpice Sévère, *elzévir.*
Histoire de Louis XI, 1620, *ancienne reliure maroquin.*

Tite-Live, *elzévir, 1645, divisé en 8 volumes, reliés en maroquin, reliure de Le Gascon.*

Conjuration de Fiesque, 1645.

Justin, 1656.

Histoire de Henri IV, 1661.

Pièces sur Henri III, 1660.

Commines, *elzévir, 1648.*

Vie de Coligny, 1643.

Vie de Luther.

Histoire de Henri le Grand, *elzévir, 1661 ou 1664.*

Sulpice Sévère, 1643.

Tite-Live, de la collection variorum, *exemplaire de Colbert.*

Historiens d'Auguste, *variorum, 1661.*

Mémoires de du Bellay, 1569, *in-folio relié en maroquin, aux armes de Catherine de Médicis.*

Tite-Live, traduit en espagnol, imprimé en 1553; 2 vol. *in-folio, reliure mosaïque du temps.*

Siége de Metz, *réimpression.*

Esprit de Henri IV. Lyon, 1560.

Florus, elzévir, 1638, *relié en maroquin doublé; exemplaire de Longepierre.*

Républiques d'Allemagne, 1648.

Mémoires du marquis de Beauveau, 1688.

Mémoires de Rohan, 1661.

Vie du Général Moore.

Histoire du Cardinal de Richelieu, 1652 à 1667.

Histoire des Ambassadeurs.

Julien l'Apostat, 1688.

Abrégé de l'histoire des Vaudois.

Vie de Henri IV.

François de Lorraine, grand-duc de Toscane.

Histoire d'Anne Dubourg, 1561.

Histoire de Théodose le Grand.
Histoire universelle de Bossuet.
Histoire des guerres d'Allemagne, 1634.
Vie d'Érasme, 1649.
Histoire de France avant Clovis, de Mézeray; *7 volumes elzévir.*
Vie du Roi Almanzor, 1671.
Mémoires de Rohan, 1661.
Historia Belgicorum.
Histoire de la Ligue, du père Maimbourg.
Mémoires du Duc de Guise, 1669.
Cérémonies funèbres des Nations.
Histoire des Juifs, de Prideaux, *exemplaire grand papier, relié en maroquin citron.*
Vie de J.-B. Poquelin de Molière.
Relations de la Cour de France, 1665.
Relations de l'Ambassade de Siam, 1686.
Mémoires pour l'histoire du cardinal de Richelieu, *par Aubry.*
Tacite, *elzévir, relié en maroquin citron, 1640, 2 volumes.*
Tacite de Perrault d'Ablencourt.
Actions de Philippe II, 1671.
Mémoires de Brandebourg, *reliés en maroquin dentelle.*
Ordonnances de Louis XIV, 1673, *avec armoiries.*
Entrée du roi de France à Lyon.
Privilége des joailliers de la ville de Paris.
Recueil des consuls de Paris.
Histoire des Juifs, de Prideaux, 1765, *exemplaire aux armes de la comtesse d'Artois.*
Commentaires de César.
Paix de Clément IX, 1700, *maroquin doublé.*
Sédition arrivée à Dijon en 1630.
Histoire de la Comtesse de Savoie.

Croisade des Protestants.

Amours de Henri IV.

Révolutions romaines, de Vertot, *maroquin, papier vélin.*

Jeu de cartes, jeu historique des rois de France, *aux armes de Mme de Pompadour.*

Mémoires sur l'ancienne Chevalerie.

Ambassade du Japon.

Relations de la cour de Rome.

Comte de Warwick, 1704, *non rogné.*

Recueil sur la Savoie.

Négociations de Linage de Vauciennes, *3 volumes.*

Divorce royal, 1692.

Mémoires de Rohan, 1646.

Commentaires sur la guerre de Belgique, 1555.

Siége de Dijon.

Prise de la Croisette.

Prise de la ville d'Hesdin, 1634.

Siége de Royan, 1621.

Ordonnances sur les Monnaies.

Mémoires de la Régence, 1700, *maroquin.*

Usurpation du général Bonaparte.

Campagnes du prince de Condé.

Histoire des amours du Duc de Guise, dit le Balafré.

Jules César, *avec riche reliure italienne, 1540.*

De la Guerre des Scythes et des Cosaques, *exemplaire de Mesnard, relié en veau.*

Révolutions de Gênes.

Histoire de Venise, *par Galibert.*

Histoire de Trévoux, *en 8 volumes,* 1771.

Règlements militaires de l'empereur Charles-Quint, *avec vingt-une gravures sur bois et une explication allemande, un volume in-folio, relié en veau,* 1541.

Ordonnances royales de la ville de Paris, *relié en maroquin, aux armes de Séguier.*

Histoire de France, de Mezerai, 7 *volumes.*

Mémoires sur les Ambassadeurs, 1679.

Mémoires de Bassompierre, *exemplaire grande marge.*

Histoire universelle de Bossuet.

Tite-Live, *traduction de l'abbé Brunet, relié en maroquin.*

Vie de Charles-Quint.

France démasquée.

Défense de Fouquet, 15 volumes, *reliés en maroquin, 1668.*

Fêtes de Paris et de Strasbourg, 2 *volumes.*

Campagnes de Louis XIV, *petit in-folio avec figures gravées, 1754, aux armes du Dauphin.*

Mémoires sur l'Ordre de Saint-Louis, *in-4°, relié en maroquin, armoiries, avec la croix de Saint-Louis.*

Histoire de la ville de Dôle.

Histoire de l'Empereur Charles VI.

Ville de Paris et Maréchal d'Ancre.

Siége de Metz, 1565.

Monastère de Charonne, 1681, *relié en maroquin.*

La Fatalité de Saint-Cloud.

Le Jay : De histori Espagnoli.

Le Château de Richelieu, *avec notes de Jamet, 1676.*

État présent de l'Angleterre.

De Turcorum moribus, 1629.

Hadriani emblemata, *non rogné, 1585.*

Justinus, *sans date, vers 1475, relié en maroquin.*

Assertor Gallicus, 1646, *en maroquin rouge, avec armes.*

Mémoires du duc de Guise, *édition de Cologne, 1669.*

Coup d'État, de Naudé, 1679.

Négociations de Bassompierre.

Le Jay : Gallia republica, republica Helvetia.

Justi Lipsi opera, 1632.

Antonius liberalis, 1676.
L'État de l'empire d'Allemagne, 1669.
Testament de Richelieu, 1688.
Collection de Quinte-Curce, *elzévir, 1656, 1665 et autres.*
Salluste et Velleius Paterculus, *elzévir, 10 volumes.*
Ulysses, 1664.
Varenius, 1655.
Sleidani Tacitus.
Père Maimbourg, *10 volumes.*
Histoire ecclésiastique d'Hornius.
Origine des Cardinaux, 1670.
Le Syndicat d'Alexandre VII, 1669.
L'Apocalypse de Meliton, 1665.
L'Apocalypse de Meliton, 1668.
Népotisme de Rome, 1669.
La Vie du pape Sixte V, 1672.
France politique, 1671.
Histoire des comtes de Hollande, 1664.
Liberté de Venise, 1677, *relié en veau.*
Histoire de Venise, 1677.
Histoire des Grands Vizirs.
Constitutions de Port-Royal.
Histoire du ministère du comte-duc.
Église réformée de France, 1685.
Lettres des Princes, 1644.
Monarchia, 1648.
De la Grèce, 1671.
Recueil de pièces pour servir à l'histoire, plusieurs concernant Henri III.
Politique de la France, *cinq éditions diverses.*
Mémoires d'un favori du duc d'Orléans, 1668.
Œuvres mêlées de Saint-Réal, 1689.
Mémorial de Cardenas, 1662.

Relations de la Cour de Rome, 1663.
Defensio regia, 1652.
Traité de la Régale, 1682.
Histoire de Mme de Guiche, *Palais-Royal.*
Martyrs français de la réformation, 1684.
Abrégé de la vie de Charles Ier, 1666.
Cromwell, 1691.
Vie de M. Hobbes, 1688.
Procès de milord Preston, 1691.
Histoire de Charles II et de Jacques II, *en 4 volumes, 1691.*
Conciones, 1662.
Lettres de Mme de Brigny.
Mémoires de La Rochefoucault, 1663.
Généalogie des rois de France, 1531.
Mémoires de Guise, 1669.
Justin, Aulu-Gelle, Macrobe, Suétone, *de la collection Variorum.*
Histoire du duc de Richelieu, 1666.
Les Jésuites, *de Jean Labadie, édition de Hollande.*
Annibal et Scipion, 1675.
Petit Salluste, 1634.
Histoire de Henri IV, 1661.
Histoire de Venise, 1677.
Vie de Colbert.
Testament de Fortin, 1655.
Histoire du Grand Mogol, 1671.
Dissertationes historiæ, 1668.
La Vie du roi Almanzor, 1671.
Négociations de la paix de Nimègue, 1680.
Histoire de Henri le Grand, 1666.
Mézeray, *5 volumes.*
Histoire de l'Église, du P. Godeau, 1680.
Croisades, du P. Maimbourg, *3 volumes.*

Histoire de Constantinople, *de Cousin; 10 vol. brochés.*
Hommes illustres, de Plutarque.
Histoire des Juifs, *par Joseph.*
Mœurs des Israélites, *par M. Fleury, 1682.*
Actions de l'empereur Charles V.
Histoire du Père Lachaise.
Relations d'Aranda, 1671.
Histoire du prince Osman, 1670.
Pomponius Mela, 1478.
Regnum Francorum, 1580.
Éloge du père Thomassin *avec portrait.*
Ausone, *Alde,* 1517.
Marie Stuart, reine d'Écosse.
Avis fidèle aux Hollandais, 1670.
Florus Hungarius, 1660.
Regis medici, 1644.
Histoire de Tamerlan, 1672.
Actions de Philippe Second, 1733.
Histoire des singularités d'Angleterre.
L'Empereur et l'Impératrice..., 1682.
Recueil de pièces de la reine Christine, 1668.
Histoire du Chevalier du Soleil.
Recueil de pièces sur Henri III, 1666.
Mémoires de Puységur, 1690.
Mémoires de la reine Marguerite, 1658.
Mémoires de la reine Marguerite, 1659.
Mémoires de la reine Marguerite, 1661.
Histoire de Moïse, 1699.
Mémoires de Sault Tavannes, 1691.
Pomponius Mela, 1643,
Histoire du prince Rogotzi, 1700.
Intérêt des princes de l'Europe, 1686.
Florus angelicus, 1661.

Georgii Hornii historia, 1666.
Thomas Hobbes vita.
Constitutiones Helvetiorum, 1581, 3 *volumes, sur vélin.*
Coutumes du bailliage de Sens. *Sens, 1556, sur vélin.*
Histoire de France abrégée, 1791, *imprimé sur vélin.*
Statuts des Mégissiers de Troyes, *parchemin 1616, 1732, 5 volumes, sur vélin.*
Longuet, Lettres politiques, 1646.
La Princesse de Montpensier, *édition de Renouard, 1804, imprimé sur vélin.*
La Politique du Clergé de France, 1682.
Campagnes de Turenne, 1676.
Mémoires de Lyonne, 1668.
Mémoires du duc de Guise.
Mémoires de Marie Mancini, 1678.
Georgii Hornii historia ecclesiastica.
Ordonnances de Louis XIV, 1700.
Vie de la Duchesse de la Vallière, 1695.
Annales et Chroniques de France, 1550.
Recueil d'Edits, *3 volumes, 1714.*
Dion, historien grec, *traduit par Derozier, 1542.*
Hérodote, historien du peuple juif sans le savoir.
Notice sur le séjour des Hébreux en Égypte.
H. Estienne, Apologie pour Hérodote, 1566.
Politique royale du sire de Gravelles, 1696.
Annales de Tacite, 1728.
Cérémonie du sacre des rois de France.
Jugement sur les Ministres, *par Flandrin.*
L'Empire sous Napoléon Ier.
Enterrement du duc de Guise, 1620.
Histoire du fanatisme, *par Bruyeis.*
Histoire du siége de Luxembourg, fêtes militaires, 1779.
Siége de Bade, 1686.

Histoires de guerres, 1749.
Mémoires de la chrétienté.
Tacite, 1664.
Histoire du prince d'Orange, *avec cartes, 1715.*
Éloge du maréchal de Vauban.
Expédition de Carthagène, 1688.
Considérations sur Annibal.
Guerre des Algériens, 1755.
Batailles contre les Zupesians.
Révolutions du pays d'Auvergne.
Réduction de la ville de Chambéry.
Vie de Charles de Lorraine.
Marche du roi en Flandre.
Guerres de Suède, *de Mauroy*, 1653.
Histoire de la campagne d'Amérique, *en anglais.*
Campagne d'Alexandre dans les Indes.
Observationes ad Pomponium Melam, 1558.
Écrits du pape Clément VIII, 1662.
Conquêtes de Louis XV.
Regale militari, *de Melzo*, 1611.
Recherches d'antiquités militaires, *par Delaloze.*
Hyginus et Polybius, *elzévir, in-4°.*
Hacustères, *Nouvelle Troye, ou Siège d'Ostende, 1615.*
Lamothe Jesseval, Annales de Tacite, 1683.
Vie de Philippe de Mornay, 1647.
Raymond, Éclaircissement du Jansénisme, *elzévir, 1662.*
Commentarius de rebus pacis de 1662 à 1668.
Commentaires de César, 1678.
Conestaggio : Delle guerre della Germania, 1634.
Fléchier, Histoire de Théodose le Grand, 1681.
Fléchier, Histoire de Théodose le Grand, 1680.
Institutions impériales, 1670.
Histoire espagnole, *par M. Hut, 1671.*

Strada, Histoire de la guerre de Flandre, 1645.

Sulpitii Severi historia sacra continuata, 1626.

Xenophontis, de Cyri institutione, 1627.

Histoire de l'Église, *par Eusèbe.*

Traités faits entre les rois de France depuis Charles VII et les puissances étrangères, 1692.

Observations curieuses sur l'état de la France dans la moitié du XVIIe siècle.

Mémoires du Duc de Rohan, *datés de 1611.*

Histoire du ministère du Cardinal de Richelieu, *provenant de la collection de M. Machaud d'Arnouville.*

Mémoires sur les guerres d'Italie.

Apologie et Défense de la confession des princes allemands.

Enquête contre M. le Cardinal d'Este.

Mémoire sur le gouvernement de France, *par M. de Boulainvilliers.*

Traité sur les lois et gouvernement d'Angleterre et Extraits de la grande Charte.

Abrégé de l'histoire universelle et de l'histoire de France, *4 volumes, reliés aux armes de la duchesse d'Angoulême, en maroquin.*

Faits militaires de César, *relié aux armes de Choiseul.*

État des vivres pour l'armée, 1747.

Armées de Flandre et de Provence, 2 *volumes.*

Siècle de Louis XIV, de Voltaire, 1751, *exemplaire avec annotations de Coligny, secrétaire de Voltaire.*

Histoire de la régence de la Reine.

Xénophon, 1561, *d'Estienne, relié en veau fauve, exemplaire du comte d'Hoym.*

Appien, 1551, *texte grec, d'Estienne.*

Histoire romaine *d'Estienne, 1548.*

Histoire de Florence *du Pogge, 1476.*

Arrêts de la Cour des Aides du Dauphin.
Tableau généalogique de la maison royale de France.
Histoire d'Espagne, *de Mariana, édition de Tolède, 1601.*
Recueil d'armoiries et blasons de Maguenay, 1633.
Annales des Gaules, de Colgili, 1532.
Histoire de l'empire ottoman.
Concile de Trente.
Mémoires de Rohan, 1661.
Histoire de Muley-Axid.
République de Venise.
Concile de Trente, *du Père Jurieux.*
Histoire du Schisme d'Occident, *du Père Maimbourg.*
Histoire de Perse et des Indes orientales.
Traités sur l'Ordre de Malte.
Histoire des Aventuriers flibustiers.
Mémorial de la maison de Saavedra, 1667.
Traduction de Valère-Maxime, *maroquin vert, 1615.*
Vie des hommes illustres de Pétrarque, *9 volumes, elzévir, 1681, traduction de Tallemant.*
Tive-Live, *elzévir, grande marge, relié en vélin.*
État de l'empire d'Allemagne, *2 volumes.*
Négociations de la paix de Nimègue.
Histoire du Cardinal Mazarin, *par Aubry, 3 volumes.*
Histoire du Cardinal Mazarin, *en italien, de Palazy.*
Histoire de la réunion du Portugal à la Castille, 1686.
Guerres de la Suède.
Affaires de France et d'Autriche, 1662.
Journal de Vienne, 1689.
Relations des Indes orientales.
Relations du Paraguay.
Mémoires des Ambassadeurs, 1677.
Mémoires de Bassompierre.
Mémoires du duc de Guise.

L'État de la France, 1672.
Campagne royale de 1668.
Relations du Cardinal Bentivoglio, *maroquin.*
Histoire de Florence, de Machiavel, 1539, *maroquin.*
Codicille de Louis XIII, 1643.
Traité de paix entre la France et l'Angleterre, 1667.
Histoire de Tamerlan, 1705.
Anecdotes de la cour de Néron, 1705.
Le Connétable de Bourbon, 1688.
Mémoires de Mme d'Aulnay, 1696.
Mémoires de Suède et Norwége.
Histoire de Portugal, *de Galeas,* 1670.
Histoire de Charles V, 1667, *en maroquin.*
La Politique de la maison d'Autriche, 1658.
Mémoires de Dangeau, *maroquin, 1688.*
Testament politique de Léopold Ier, 1707.
Décadence de l'empire romain, *de Gibbon, 3 volumes, reliés en maroquin, aux armes de Mme la comtesse du Barry.*
Histoire de Venise, *d'Amelot de la Houssaye.*
Récit de la vie de Garat.
Traités de paix de 1814, *imprimé à Breslau en plusieurs langues, 4 volumes, in-folio oblong.*
Relations des Ambassadeurs, *de Carlysle,* 1772.
Conjuration de Venise.
Mémoires sur le royaume de Naples, *par Audeval, 1819.*
Critique de l'histoire, de Varillas.

JURISPRUDENCE.

Justiniani institutiones, 1574.
Institutiones Justiniani, *reliure non rognée, 1700.*
Status Belgii, 1669.
Décrets de la Faculté de Paris.
Institutions impériales, 1508, *petit in-4°, reliure du temps.*
Constitution de Port-Royal, 1665, *2 exemplaires.*
Corpus juris civilis, *maroquin bleu, peau vélin, 1681.*
Jus civile Romanorum.
Code de Louis XIV.
Le Digeste, *elzévir, 1656.*
Institutions impériales.
Jus canonicum, 1668.
Elementa juris civilis, *maroquin demi-reliure, 1668.*
Justinien, 1562-1679.
Antonius Perezius : Droit romain.
Justiniani institutiones, *de Gœsebeck, exemplaire sur grand papier.*
Procès de la Brinvilliers.
Procès de Charles Stuart d'Angleterre, *édition elzévir, 1643, exemplaire dit de Coligny.*
Les Ordonnances royales de la ville de Paris, *richement reliés à compartiments du* XVIe *siècle; autres exemplaires aux armes de Séguier.*
Les Apophthegmes allemands, 1645.

Justiniani institutiones, 1646, 1654, 1664.
Justiniani commentarium.
Institution du Prince, en vers, *exemplaire ayant appartenu à Henri IV.*
Corpus juris civilis, *elzévir, 1663, vélin cordé.*
Traités des Parlements de Paris, *maroquin bleu.*
Arrêts de la Cour des aides du Dauphin.
Le Ministre d'État, *du sieur Fillon, en 3 volumes, 1643.*
Le Ministre d'État *du sieur Fillon, en 3 volumes, 1661.*
Traité des droits de la Reine.
Tractatus de jure revolutionis, 1667.
Lois belges.
Elementa de Cive *de Hobbes,* 1669.
Elementa de Cive *de Hobbes,* 1647.
Elementa de Cive *de Hobbes,* 1697.
Epistolica dissertia *de Hobbes,* 1651, *maroquin.*
Corps politique *de Hobbes,* 1652, *reliure de Derome.*
Le Prince, *de Machiavel.*
Corpus juris civilis, 1664.
Le Monarque, ou devoirs du Souverain, par Senault, *avec un portrait de Louis XIV ajouté, exemplaire grand papier, aux armes de Marie-Thérèse d'Autriche.*
De Conciliis et Synodiis, 1565, *reliure ancienne en maroquin.*
De Jure imperii, *4 volumes.*
Defensio regia.
Traité de la régale, 1682.
Intérêts des princes de l'Europe, 1686.
Réflexions libres d'un député.
Jus canonicum Corvini, 1651.
Ordonnances de Louis XIV, 1700.
Traité et Pratique des billets.
Recueil d'édits, 1714, 3 *volumes.*

Politique royale du sire de Gravelle, 1696.
Institutiones imperiales, Peregii, 1673.
Traités sur les impositions chez les Gaulois.
Traités des vérifications *au chiffre de Lenoir.*
Règles du Conclave.

GÉOGRAPHIE, VOYAGES.

Misson : Voyage d'Italie, *4 volumes, reliés en maroquin.*

Cinq livres de Polybe, *traduction de Louis Maigret, 1542, petit in-folio, reliure riche du* XVIe *siècle à compartiments.*

Petit guide en Allemagne.

Voyage de Fontainebleau, 1680.

Recueil de vues de Madrid, *aux armes du Dauphin.*

Voyage de Tavernier, *elzévir.*

Voyage de Benjamin Tudel, 2 *volumes.*

Voyage en Grèce de Spon, 1679.

Description d'Amsterdam.

Naufrages et Aventures.

Voyage du jeune Anacharsis en Grèce, 1822, *avec atlas, grand papier.*

Relation d'un voyage en Angleterre.

Voyage de Courtois (Ferdinand), 1588.

Voyage de Coréal.

Faujas de Saint-Pont : Volcans du Vivarais, *maroquin.*

Grèce pittoresque.

Atlas historique de Gentierla (?), *en 7 volumes, en maroquin, exemplaire de M*[me] *de Pompadour.*

Discours sur le Nil, *relié en maroquin avec armoiries.*

Strabonis, de statu orbis, 1652.

Description des Pays-Bas, 1673.

Voyage d'Espagne, *3 exemplaires*, 1666.

Voyages de Henri Sweinburne, *10 volumes imprimés sur vélin et reliés en maroquin par Derome.*

Manesson-Mallet : Description de l'univers, *5 volumes, grand in-8°, reliés en maroquin.*

Voyage en Amérique.

Voyage de Tournier, 2 *volumes.*

Voyage de Tournier, 1592.

Globe du monde.

Voyage de Jérusalem, *en caractères gothiques.*

De imagine mundi, 1472, *petit in-folio.*

Itinerarium Belgiæ.

Voyage de Saint-Cloud.

Voyage en Corse.

Denhame : Voyage en Afrique, *avec atlas in-folio.*

Plans et statuts de Reims.

Proportion d'une mesure de la Terre.

Délices de l'Italie, 1707.

Voyages de l'abbé Prévost, 20 *volumes, grand papier.*

Cluverii geographia.

Voyage des jésuites à Siam, 1687.

Itinéraire d'un voyage à Genève et à Ferney.

Saint-Didier : Ville et république de Venise, 1680.

Desselle : Grande monarchie de France, *maroquin.*

Départ de Rome.

Introduction à la géographie de Cluverius, 1077.

Ambassade au Japon de la Compagnie des Indes, *exemplaire aux armes du maréchal d'Estrées.*

L'Afrique *de Jean Temporal, in-folio relié, aux armes du Dauphin.*

Héliodore : Æthiopia, *relié en maroquin et non rogne.*

Relation d'un voyage de Brême.

Rome souterraine, *en latin.*

Géographie générale, 1671.

Mésanges : Essai sur la population, 1766, *avec armoiries.*

Grand Neptune oriental, 1745.

Trois volumes d'anciens costumes de Bourges.

Montreuil et Amiens.

Orbis terræ concordia.

Cartes de l'Etat de Savoie.

Amsterdam, *avec cartes coloriées.*

Voyages de Chardin, *en anglais.*

Paris, an II de la République, *3 volumes, petit in-folio.*

Description du Béarn.

Souvenir du golfe de Naples, 1828.

Voyage pittoresque dans le Tyrol. Paris, 1825, *1 volume in-folio avec atlas, destiné au roi.*

États de l'empire d'Allemagne, 2 *volumes.*

Voyage de la reine d'Espagne.

Coutumes anglo-normandes *de Houard,* 1876, *bazane bleue.*

Relations des Provinces de France.

Les Jeunes Voyageurs, 1821, *6 volumes reliés en maroquin, avec cartes coloriées.*

Voyages de Tavernier, *édition in-12,* 1679, *en maroquin.*

Voyage d'Italie, 1667.

Histoire de Carcassonne, 1646, *in-4°, aux armes de Mesnard.*

Voyages de Lesseps, 2 *volumes in-8°.*

Voyages d'un Égyptien, par de Mouy, 1738, 3 *volumes.*

Description de l'univers, *par Manesson-Mallet, 5 volumes grand in-folio, reliés en maroquin.*

Voyage en Amérique.

Voyages de Tavernier, in-12.

Voyages de Tavernier, en 2 volumes.

Essais sur le patois lorrain, 1775.

Globe du monde, 1592.

Portraits de pays.

Itinerarium Belgiæ.
Voyage de Saint-Cloud.
Voyage en Corse.
Denham : Voyage en Afrique, *avec atlas in-f°.*
Plans et Statues de Russie.
Délices de l'Italie.
Citadelle de Pignerolles.
Réduction de la ville de Chambéry.
Tavernier : Les 6 voyages en Turquie, *Hollande* 1679.
Descartes : Voyages, 1691 *et* 1696.
Traité de géographie.
Mémoires touchant les fortifications de France.

BELLES-LETTRES.

POÉSIES, ROMANS, ETC., ETC.

Lettres sur les spectacles, *2 volumes.*

Joseph, poëme *par Bitaubé, 2 volumes in-octavo, imprimés sur beau vélin, avec dessins originaux.*

Contes de Marguerite de Valois.

Connaissance des bons livres.

Pline, *elzevir, édition de 1629, maroquin citron.*

Recueil de la Cour.

Horatii opera, *elzevir,* 1629, *reliure ancienne, maroquin vert.*

Pindari Olympia, 1589, *reliure du temps.*

Œuvres de Ronsard, 1572, *richement reliées à compartiments, aux armes de De Thou, 3 volumes seulement.*

Callimachi epigrammata, 1682, *exemplaire de du Courlieu.*

Traité de la Cour par Delfuge, *elzevir.*

Recueil de pièces curieuses, *elzevir,* 1660.

Virgilii opera, *elzevir,* 1676, *maroquin.*

Les Triumphes de Pétrarque, *édition de Grolier,* 1539, *maroquin.*

Esprit des morts de Lucien.

Étymologie des mots français, par de Bermère, *elzevir,* 1664.

Virgilii opera, *elzevir.*

Pucelle de Chapelain, *elzevir,* 1656, *maroquin.*

Argenis de Barclay, 1542.

Lucani Pharsalia, *elzevir,* 1651.

Petroni satyricon, *elzevir,* 1677, *non relié.*

Ovidii opera, 1745, *maroquin, ancienne reliure.*

Terentii comediæ.

Jerusalem liberata del Tasso.

Horatii opera, 1623.

Thesaurus absconditus, 1640, *reliure ancienne.*

Metamorphoses Ovidii, 1579.

Fables d'Esope, *traduites en français en* 1532, *petit in-octavo, exemplaire très-rare.*

Anacreon *ab Henrico Stephano, maroquin.*

Vie d'Anne Marguerite, *en vers.*

Vie de sainte Marguerite, *en vers français.*

Poëmes et anagrammes de Jean de Flandre, 1576.

Églogues de Marot, *français, imprimé en gothique.*

Œuvres de Racine, *elzevir,* 1682.

Fables d'Ésope, *édition de Faupeux.*

Pharsale de Lucain, *elzevir,* 1668.

Recueil de pièces d'auteurs divers de 1669, *en 11 volumes.*

Virgilii operá, *elzevir,* 1676.

Pucelle de Chapelain, *elzevir,* 1656.

Proverbes en rimes, *reliés en veau.*

Terentii comediæ, 1655.

Nouveau recueil de rondeaux, *2 volumes.*

Opere Toscane (al Christiano rè Francesco primo), di Alamanni, *2 volumes,* 1542.

Triumphes de Pétrarque, 1532, *deux parties en 1 volume, figures sur bois.*

Contes et Nouvelles de Duperrier, 2 *volumes.*

Torquato Tasso, *maroquin, non rogné.*

Menagii poemata, 1663, *elzevir.*

Exilés de la cour d'Auguste, 1675.

Terentii comediæ, 1678.

Martialis epigrammata.

Horatii opera, 1733, 2 *volumes in-octavo, maroquin.*

Consolations du prêtre Legaulois, *en vers,* 1561.

Horatii opera, 1676.

Jérusalem délivrée, *du Tasse,* 1617, *petit in-folio, riche reliure italienne.*

Jérusalem délivrée *du Tasse,* 1590, *petit in-4°, relié en maroquin.*

Nouvelle Jérusalem délivrée, *relié en vélin (italien.)*

Discours au Roi, *en maroquin, à ses armes.*

Mes Loisirs, *1 volume, relié aux armes de Soubise.*

Poëmes de Racine, *reliure italienne, aux armes de Louis XV.*

Roses dans la vallée, *en italien.*

Souffrances du jeune Werther, *relié en maroquin bleu, exemplaire de Praslin.*

Dialogue rustique, 1764.

L'Argenis de Barclay, *elzevir,* 2 *volumes.*

Satyricon, 1637.

Conciones et Orationes, *elzevir.*

Petit Virgile, *elzevir de* 1676.

Jérusalem délivrée, *elzevir.*

Anecdotes de la cour de Rome, 1704.

Recueil de pièces littéraires.

Theatro Aretino.

Decameron *de Boccacio, elzevir, de* 1665.

Conciones *de* 1652.

Sénèque, *elzevir,* 1640, *relié par Derome.*

Ovide, *elzevir*, 1629, *relié par Derome.*

Ovide, *elzevir*, 1629, *relié par Duseuil.*

Tacite, *elzevir, relié par Duseuil, riche reliure.*

Argenis de Barclay, *relié par Duseuil.*

Satyricon, *elzevir*, 1627.

Satyricon, *elzevir*, 1687, *relié par Derome.*

Marcii opera posthuma, *elzevir*, 1629.

La Princesse de Clèves, *elzevir*, 1678, *maroquin, 1 volume.*

Esprit de cour.

Jonas, 1656.

Sophonisbe, *elzevir*, 1648.

Nouvelle Élisabeth d'Angleterre, 2 *volumes.*

Satyre Ménippée, 1649, *volumes reliés en maroquin par Purgolt.*

Satyres de Regnier, *elzevir*, 2642, 1652.

Virgile de 1676.

Opere di Pallavicino, 1673.

Virgile, *elzevir*, 1622, *caractères d'imprimerie.*

Virgile, *elzevir*, 1636.

Horace, *elzevir*, 1628, *en 1 volume.*

Pharsale de Lucain, *elzevir*, 1658.

Ovide, *elzevir*, 1629, *Tomsom relieur, exemplaire grande marge.*

Pétrone, 1677.

Œuvres de Pradon.

Académie française, *de Pélisson*, 1670.

Satyre Ménippée, *elzevir*, 1663.

Corneille, *en 10 volumes*, 1660, *et années suivantes, elzevir.*

Don Quichotte, *4 volumes*, 1681.

Pétrone, 1687.

Parnasse et Cabinet des satyriques, 1666.

Daphnis et Chloé, *édition du Régent.*

Conciones et Orationes, 1662.

Vaugelas.

Rabelais, 1663.

Ovide, Horace et Odyssée, *en vers burlesques.*

Pièces diverses de Corneille, *elzevir,* 1662 *à* 1670.

Récréations françaises, 1681.

Commentaires d'Ovide, *ancienne reliure.*

Poésies de Marie de France, *avec dessins originaux.*

Poëmes de Shakspeare.

Œuvres de Boileau, 1747.

Contes de La Fontaine, 1762, *maroquin par Derome.*

Œuvres de J.-B. Rousseau, *4 volumes reliés par Derome.*

Sénèque, *elzevir,* 1659.

Aretin, 1660.

Apicius, 1709, *grand papier.*

Ovide, 1670, *relié par Derome, exemplaire de Longepierre, maroquin bleu.*

Théâtre de Boursault.

Conciones, *broché de* 1660 *à* 1662.

Cabinet satyrique, 1690.

Mirame, *tragédie.*

Horace, 1767.

Heinsii orationes, 1642, *broché, non rogné.*

Daphnis et Chloé *(sans date).*

Discours de L'Hospital, *sur vélin et papier de Hollande, plusieurs exemplaires.*

Ovide, *elzevir,* 1629, *3 volumes reliés, maroquin rouge doublé, exemplaire du comte d'Hoym.*

Virgile, *elzevir,* 1636, *relié en maroquin bleu doublé de maroquin, exemplaire du comte d'Hoym.*

Horace, *elzevir,* 1619, *avec les notes, relié en maroquin bleu, exemplaire du comte d'Hoym.*

Buchanani poemata, 1628, *relié à compartiments.*

Contes de La Fontaine, *édition de Didot, 1795, richement relié par Bozérian et imprimé sur papier vélin.*

Œuvres de Rabelais, *elzevir,* 1663, *maroquin rouge, exemplaire du comte d'Hoym.*

Roman espagnol de Gongora, *Barcelone,* 1640, *richement relié en maroquin par Purgolt.*

Pucelle. de Chapelain, 1656.

Petit Horace, *non rogné,* 1648.

Menagii poemata, 1682.

Princesse de Clèves, 1678.

Cosroës, *de Rotrou,* 1649.

Lucain, *in-16,* 1671.

Samuelis Bocharti epistola (à M. Morley, chapelain du roy d'Angleterre pour répondre à trois questions), Paris, 1650, pet. in-8°.

Velleius Paterculus, 1678.

Amours d'Ovide, 1667.

Racine, *non rogné et cartonné.*

Mariage d'Oronte et de Satyre, 1649.

Réflexions, de Mlle de la Vallière, 1683.

Aperçu des Elzevirs, 1847.

Pucelle, *de Voltaire, in-4°, avec plusieurs dessins ajoutés.*

Catalogue d'une collection très considérable de livres imprimés par les Elzévir.

Tancrède, *tragédie.*

Poésies de Moketti.

Horace, *de Didot, grand in-folio, 1799, relié en maroquin.*

Satyres de Pétrone.

Heinsii poemata, 1621.

Eucharistie et Polydore.

Lettres d'une femme, *en italien.*

Horace, 1676, *in-16.*

Tasse, 1659.

Œuvres d'Horace, *traduites en français, reliées par Derome.*

Histoire de Grandisson.

Robinson Crusoé, *3 volumes reliés en maroquin.*

Le Prince, de Lucien.

Charlemagne et Galswinde, *édition de Curmer.*

Paul et Virginie, *édition de Curmer.*

Picard : Temple des muses, 1733, *relié en maroquin, doré sur tranche.*

Jérusalem du Tasse, *Venise, 1745, exemplaire relié en maroquin, grand papier, avec armoiries.*

Achilles Tatius, de Clitophontis et Leucippes amoribus libri VIII, *exemplaire de Ménage, avec notes de sa main.*

Molière de 1684.

Boileau, *de Didot,* 1681.

Poëmes de Vallée, *aux armes d'Alexandre VII.*

Lettres à Sophie, *par A. Martin, 4 volumes.*

Lettres d'Arnaud d'Andilly, 1662.

Gil Blas, de 1798.

Princesse de Montferrat, *Nouvelles,* 1676.

Recueil de poésies sur Henri III, 1666, *demi-reliure.*

Lettres de Voiture, 1687.

Poétique de Marmontel.

Daphnis et Chloé, 1735.

Catalogue de la comtesse de Verrue, avec les prix.

Bibliothèque des auteurs classiques, 1563.

Rabelais, 1663, *maroquin.*

Amours de Lysandre et de Calixte, 1650.

Collection du théâtre anglais, *reliée en veau fauve.*

Romans de Lesage.

Virgile, 1729.

Pharsalia, *en italien,* 1707, *maroquin.*

Lucien, *traduit, aux armes de Machaux d'Arnouville.*

Ovidii metamorphosion, *aux armes de Madame,* 1725.

Poésies de Haller.

L'Observateur, *3 volumes.*

Espion français à Londres.

Œuvres diverses de Scarron.

Le Pélerin : Nouvelle.

Comédies et proverbes, 1655.

Le Répertoire du Théâtre-Français, *51 volumes.*

Il Pastor Fido, *relié en maroquin vert par Derome.*

Horace, 1733.

Horace, 1733, *tome II, sans la faute.*

Horace, 1782.

Plaute, *des Alde,* 1522.

Œuvres de Cicéron, *éditions de Gruter et Gronovius (Hollande), 1692, 2 volumes in-4°, reliés par du Seuil en maroquin doublé.*

Don Quichotte, de Cervantes. *Londres, Tomson,* 1738, 4 *volumes reliés en veau fauve, tranches dorées.*

Poésies de Zeno, 1745.

Théâtre de P. Corneille : *Didot,* 1783, *en maroquin,* 2 *volumes reliés par Derome.*

Coriolan, *tragédie d'Abeille,* 1682.

La Clélie, en hollandais, *Hollande,* 1676.

Lettres de Balzac et œuvres diverses, 1661 et 1664.

Senecii tragediæ, 1678.

Virgilii opera, *editio Susannœi, 1724.*

Œuvres de Marot, 1714.

Cæsaris opera, *elzevir de diverses dates et éditions,* 1635, 1663 *et* 1664.

Dialogues français, 1663.

Offices de Cicéron, *reliés en maroquin doublé, 1664.*

Œuvres de Boileau, 1677 et 1680.

Pharsale de Lucain, 1662, 2 *exemplaires de la même date.*

Conversations de Mlle de Scudery, 1685.

Relations à l'Académie, 1671.

Sonnets de Pétrarque, *9 volumes richement reliés avec armoiries et ornements.*

Joannis Ovenii epigrammata, 1679.

Poésies de Sedaine, *3 volumes.*

Poésies de Palaprat, *sur vélin, édition stéréotype, 5 volumes.*

Le Seau enlevé, *poëme, Paris, Didot, an VIII, imprimé sur vélin.*

Poëmes anacréontiques, 1725.

Terentii comediæ, 1661.

Ovide, *petit in-16,* 1664.

Poematum juvenilium, 1669.

Horace, de Joan. Pine, 1733, *bonne édition.*

Prophetiæ Alberti Joachimi.

Poésies de Berthaux, 1620.

Lettres de Mme Dubarry, *maroquin, 16 volumes reliés.*

Fables de l'antiquité.

Psaultier de David, *divisé en deux parties, relié en maroquin,* 1691.

Poesis Marci Antonii, 1663.

Rabelais, *elzevir,* 1663, *divisé en* 5 *volumes (moins une partie).*

Lettres de Winckelmann.

Hymnes de Callimaque.

Plaute, 1684, *édition Variorum,* 1684.

Satyre Menippée, 1676.

Satyre Menippée, 1649.

Le Pirate, 1682.

Comédies de Térence, 1691.

Mémoires de Brantôme, Hommes illustres, 2666.
Colloques d'Érasme.
Lettres choisies de Balzac.
Théophraste, 1642.
Recueil de Corbinelli.
Théâtre de Molière : *Édition elzévirienne.*
Les Exilés de la cour d'Auguste, 1684.
Anecdotes persanes, 1729.
Aristophane, 1670.
Stacii opera, 1712.
Virgile, 1684.
Stace, 1684.
Juvénal et Perse, 1535, 1 *volume, reliure ancienne à compartiments.*
Métamorphoses d'Ovide, *Lyon,* 1557, *figures en bois.*
Métamorphoses, *traduites par Delobelli.*
Collections de petits classiques français.
Valeri Maximi, *de la collection de Werten, non rogné.*
Ausone, *Alde,* 1517.
Pièces diverses de Racine, *elzevir.*
Lettres de Balzac, 1692.
Pline, *elzevir.*
Diatribæ in Ausonium, 1524.
Heinsii tragediæ.
Œuvres de Voiture, 1670.
Heinsii poemata, 1648.
Princesse de Clèves, *très-rogné,* 1678.
Faits de Maître Allain Chartier, *imprimés en caractères gothiques,* 1514.
Liber Francisci Sylvagii, 1530, *petit in-folio.*
Emblèmes d'Alciat, 1622.
Juvénal *avec titre, elzevir,* 1671.
Sénèque le Tragique, *elzevir,* 1671.

Valère Maxime, 1671.
Plaute, Suétone, *en 10 volumes in-24, cartonnés, brochés et non rognés.*
Satires de Regnier.
Lefèvre : Les Poëtes grecs.
Plutarque : Vies de huit hommes célèbres, 1542.
Sophoclogium magni Jacobi, *imprimé vers* 1475.
Philippi Thomasini Petrarcha redivivus, 1650.
Pibrac : Les Quatrains.
Art poétique d'Horace, 1711, *exemplaire du comte d'Hoym.*
Télémaque, 1763.
Caractères de La Bruyère, 1759.
Contes de Pogge, 1712.
Fables de La Fontaine, 1719, *avec figures.*
Clarorum virorum epistolæ selectæ, 1617, *collection elzévirienne in-8°, 2 volumes.*
Cicéron, *elzevir, in-4°, relié en vélin,* 1661, *4 volumes.*
Homeri Ilias et Odyssea, 1656.
Aretin : Capriciosi, *elzevir,* 1660.
Cléopâtre et Pharamond, *de La Calprenède.*
Homeri Ilias, libri, I, V, IX, *elzevir,* 1642.
Horatii opera, 1612.
Lettres à un ami, 1679.
Segrais : Zaïre.
Boileau-Despréaux : OEuvres diverses, 1686.
Traduction de l'Apocolokintosis de Sénèque.
Éloge de J.-B. Rousseau, 1778.
Le sixième livre de l'Énéide de Virgile, attribué à Perrault.
Éloges funèbres des chevaliers de Saint-Jean de Jérusalem, *Malte,* 1764, *avec armoiries.*
Aristophanis comediæ, *avec notes manuscrites.*

Satires de Perse, *traduction de Lenoble, avec notes manuscrites sur les marges.*

..... Effendi : Poésies turques, *recueil arabe et turc.*

Proverbes de Salomon, *en français, dédié à la duchesse d'Angoulême, reliure du temps avec lettres ornées.*

Epigrammata Ovenii, 1657

PHILOSOPHIE, THÉOLOGIE

RELIGION, MORALE, ÉCONOMIE POLITIQUE.

Spinosa : Réflexions.
Boëce : Consolation de la philosophie.
Erasmi colloquia, *elzevir,* 1674.
Discours de la guerre, *Machiavel,* 1544, *reliure du* XVIe *siècle, petit in-folio.*
Satire Ménippée, *elzevir,* 1646.
Palœfati : De incredibilibus, *elzevir,* 1641, *maroquin non rogné.*
Métaphysique de l'âme, 1682.
Sagesse de Charron, *elzevir de* 1646.
Sagesse de Charron, *elzevir de* 1656.
Sagesse de Charron, *elzevir de* 1662.
Politique chrétienne, 1647.
Lancelot : Parfait Ambassadeur.
Le Conseiller d'État, 1641.
Examen des préjugés contre les calamités, 1683.
Frémiot : Discours de la constance, *exemplaire de Louis XIII.*

Caractères de Théophraste, *reliure riche anglaise.*

Boëce : Consolation de la philosophie.

Phedon, *elzevir*, 1624.

Pensées de Mme de Sablé, 1679, *maroquin.*

Sagesse de Charron, 1656.

Sagesse de Charron, 1662.

Religion et le Prince, *ancienne reliure.*

Pensées de Pascal, 1679.

Labordette : Trois livres de la vie, *exemplaire de Henri III.*

Méditations sur la pensée, *riche reliure à compartiments.*

Erasmus : De matrimoniis, *broché*, 1650.

Manière de bien penser, 1688.

Maximes de La Rochefoucaud.

Recueil de pièces imprimées en caractères gothiques, *vers 1500, au nombre de 18 dont :* Le Dict des sages; Science de rhétorique, l'Assault de la mort, etc., etc.

Spinosa : Réflexions curieuses et réfutations, de 1678 à 1731, *reliure en maroquin par Padeloup.*

Dissertations sur le pécule, *exemplaire du cardinal de Noailles.*

Erasmi colloquia.

Erasmus, *non rogné, in-16.*

Erasmus, 1643.

L'Usage des passions *de Sénault.*

La Somme de saint Thomas, *trois volumes richement reliés en maroquin, exemplaire du cardinal Alexandre.*

Une Bible, 1555, *reliure du* XVIe *siècle.*

Les Heures, *de Sénault, 1667, richement reliée en maroquin par Padeloup.*

Hector Pintaud : L'Image de la vie chrétienne, *exemplaire de Henri III, reliure à compartiments.*

Biblia sacra, *Henricus Stephanus, sans titre, reliure à compartiments du* XVIe *siècle, en mosaïque.*

Trianville : Histoire sacrée, *3 volumes in-12, maroquin, ancienne reliure.*

Pensées libres sur la religion, 1722.

Psalma Davidis.

Imitatio Christi, 1679.

Breviarium romanum.

Willouard : Prédications pour le carême, *exemplaire de Henri III.*

Psaumes de David, *en français, richement reliés en maroquin.*

Psalmi, *avec vignettes.*

Nouveau Testament, *latin en français, elzevir,* 1624.

Nouveau Testament, *latin, elzevir,* 1688.

Nouveau Testament, *latin et français.*

Nouveau Testament, Sedan, 1628.

De novo Testamento Christi, *exemplaire de De Thou.*

Nouveau Testament, 1568, *maroquin, à compartiments.*

Clément Marot : Psaumes de David, 1654.

Dubartas : Semaine sainte, 1582.

Nouveau Testament français, 1553.

Office de la Vierge, 1683.

Dominicæ precationes, 1543.

Office de l'église, *en français,* 1686.

Nouveau Testament de Venise, 1534, *exemplaire aux armes du cardinal Alexandre.*

Offices de la Vierge, *maroquin doublé.*

Triumphum crucis, 1646, *maroquin.*

Nouveau Testament, 1628.

Heures à l'usage de Besançon, 1502, *imprimées sur vélin, reliure du* XVIe *siècle.*

Novum Testamentum, *elzevir,* 1624.

Description de la cité de Dieu.

Imitatio Christi, 1661.

Nouveau Testament, 1644.
Réjouissance de l'âme.
Le Chemin du calvaire.
L'agréable Entretien des âmes sur le rosaire, *avec figures, maroquin.*
Nouveau Testament de Mons, 1710, *demi-reliure, non rogné.*
Pratique de piété.
Sermons de piété, *par de Boscourt,* 1645.
État de l'homme dans le péché originel.
Novum Testamentum, *elzevir,* 1628.
Imagines doctrinæ christianæ, *figures sur bois, maroquin.*
Le Coran de Mahomet, 1550, *petit in-folio, exemplaire au chiffre de Diane de Poitiers.*
Miracle de Notre-Dame de Montaigne.
Analecta sacra, 1658.
Salutis monumenta, *avec figures.*
Le Chapelet de Jésus, *en vers, en caractères gothiques, in-16.*
Le Chapelet de Jésus, *exemplaire à grand papier, Paris,* 1558.
Le Chapelet de Jésus, *exemplaire richement relié, à compartiments, aux armes de Henri II et de Diane de Poitiers.*
Biblia sacra, *d'Estienne,* 1540, *in-folio en maroquin riche, reliure mosaïque à compartiments et fermoirs.*
Missel de Paris, 1825, *richement relié, à compartiments, avec clous en cuivre et ornements de cuivre doré.*
Pontificale romanum, 1561, *relié en maroquin, aux armes du cardinal Albain.*
Heures à l'usage de Paris, *exemplaire de Verard,* 1498.
Bible de 1558, *reliée en maroquin avec compartiments.*
Psautier de David, 1585, *aux armes de Henri III.*
Heures à l'usage de Chartres, 1556, *avec gravures sur bois.*

Passion de Jésus-Christ, *exemplaire de dédicace de Marie Leczinska.*

Année chrétienne, *17 volumes reliés en maroquin, exemplaire aux armes de la Dauphine, princesse de Savoie.*

Sermons de Cheminet, *exemplaire de Mme de Pompadour.*

Nouveau Testament, *maroquin vert.*

Nouveau Testament, *4 volumes, édition de Didot,* 1793, *reliés en maroquin.*

Histoire du Nouveau Testament *du Père Talon, relié en maroquin, grand papier.*

Bible de Desmarest, *en hollandais.*

Bréviaire romain, 1608, *in-quarto, riche reliure du* XVIIe *siècle.*

Le Psautier de David, *en français,* 1586, *in-quarto, exemplaire de Henri III.*

L'Office de la Vierge, *grand in-octavo, reliure de Padeloup.*

Manière de donner l'habit aux moines de l'abbaye de Montmartre, 1761, *petit in-quarto, reliure maroquin.*

Chemin de la croix de Lorraine.

Office de la semaine sainte, *in-octavo.*

Psaumes de David, 1581, *reliure à compartiments.*

Livre de dévotions pour l'abbaye de Fontevrault et psaumes français de Lyon, 1563.

Histoire du Vieux et du Nouveau Testament, 1680.

Schisme des Grecs, *du Père Maimbourg,* 1682.

Somme de saint Thomas, *reliure italienne du* XVIe *siècle,* 1538, *petit in-octavo.*

Saint Thomas d'Aquin, *latin, in-folio, reliure du* XVIe *siècle.*

Bible *de François Estienne,* 1567, *reliure italienne du* XVIe *siècle.*

Novum Testamentum, *Henri Estienne, reliure ancienne ; sans date.*

Novum Testamentum, 1549.

Fulgentii opera, 1649, *in-quarto, maroquin.*

Oraison funèbre de Louis XVI, *relié en satin, imprimé à Madrid en 1793.*

Traité sur les persécutions, *reliure anglaise, maroquin bleu.*

Compendium theologiæ; de partibus generationis, *exemplaire de de Thou, relié en maroquin.*

Novum Testamentum.

Théologie de la croix, 1696.

Bible, *de Robert Estienne,* de 1545, *riche reliure à compartiments du* XVIe *siècle.*

Morale de Mahomet, *sur vélin.*

Les douze prophètes et bible en hébreu, *exemplaire au chiffre de Henri II et de Diane de Poitiers.*

Office de la semaine sainte *de Marie-Thérèse d'Autriche, à ses armes et à son chiffre.*

Traité de l'existence de Dieu *par Clarke, édition de 1727, exemplaire du comte d'Hozier, reliure en maroquin de Padeloup.*

Imaginaires de Nicolle, 1667, *relié par Derome.*

Exercice spirituel pour le Corpus Christi, 1642, *reliure riche à compartiment double, à petits fers.*

Divin Parallèle de la sainte Eucharistie, *relié en maroquin par Duseuil.*

Psautier de David.

Novum Testamentum *de Sedan, 4 volumes.*

Livre de Saint-Augustin : de la grâce, *reliure en maroquin doublé.*

Nouveau Testament.

L'Homme chrétien du Père Sénault.

Les quinze Joies de Notre-Dame, *caractères gothiques...*

Imitation de Jésus-Christ, *sans date.*

Imitation de Jésus-Christ, 1662.

Imitation de Jésus-Christ, 1660.
Psautier, *elzevir 1653, ancienne reliure.*
Imitation de Jésus-Christ, *elzevir,* 1658.
Imitation de Jésus-Christ, 1658.
Psaultier, *elzevir.*
Confessions de saint Augustin, *édition non rognée,* 1633.
Vie de Jésus-Christ, *allemand.*
Coran, 1649.
Sentences chrétiennes.
Religion des mahométans.
Nouveau Testament de Mons, 1667, *maroquin doublé.*
Nouveau Testament, 1684, *maroquin bleu.*
Vie de saint Philippe, *aux armes de Lorraine.*
Histoire des flagellants et de l'aimable mère de Jésus.
Imitation, *de* 1505.
Évangile *en grec.*
Psautier de Jésus.
Nouveau Testament
Imitation du Christ, 2 *exemplaires.*
Bible de Royaumont, 1670, *relié en maroquin doublé, reliure ancienne.*
Biblia sacra, *de Martin, 1656, richement relié en maroquin par Duseuil.*
Aimable mère de Jésus, *elzevir, 1671, relié en maroquin doublé, avec compartiments très-riches.*
La couronne chrétienne, 1689, *4 volumes reliés en chagrin, avec fermoir, quelques miniatures ajoutées.*
Biblia sacra, 1579.
Nouveau Testament.
Recueil sur le monastère de Charonne.
Oraison funèbre du duc d'Orléans, *à ses armes.*
Notice sur l'Écriture sainte, 1773, *maroquin avec armoiries.*

Vie des saints.
Nouveau Testament *en grec* et Imitation de Jésus-Christ.
Evangilium Medicis.
Sainte Bible *de Legros,* 1739, *relié en maroquin.*
Liturgia sanctorum patrum, 1560.
Théologie française, *maroquin.*
Psaumes paraphrasés, *maroquin.*
Béatitude des chrétiens, *maroquin.*
Passion de Jésus-Christ, *représentée en figures par P. Gali.*
Catéchisme de Martin Luther, 1594.
Jésus révélé de nouveau, 1673.
Doctrine catholique de Bossuet.
L'Homme chrétien et criminel, *de Sénault.*
Doctrine curieuse de Bossuet.
Catéchisme en vers, 1679.
Pontificat *du Père Maimbourg.*
Psaumes de David.
Dévotions de la Vierge, 1648.
La Vie de Jésus-Christ, *en flamand, imprimée à Anvers, 1487, gravures sur bois, reliure en velours.*
Bible, *de Gendre, 1555.*
Bible, *de Desord, 1819.*
Traité de la divinité de Jésus-Christ, *d'Abadie, maroquin doublé.*
Nouveau Testament de Mons, 1688.
Nouveau Testament de Mons, 1667.
Ecclesiæ orientalis antiquitates, 1683.
Le Calvinisme *du Père Maimbourg.*
Psaumes de David, *exemplaire de* 1663.
État de la religion de Sandis, 2 *parties,* 1641.
Coran, 1683.
Institutiones Calvini, 1636.
Office divin de 1663.

Bocchius : Symbolicarum quæstionum libri V, 1555, *in-quarto vélin.*

Catéchisme des jésuites, 1602, *maroquin bleu aux armes de Marchaux.*

Miracles de la Vierge, *maroquin.*

Bible *de Desmarest, elzevir, 1669, exemplaire en grand papier fort, aux armes du comte d'Hoym.*

Mystères des actes des Apôtres, 1541, *relié en maroquin doublé, avec l'Apocalypse de saint Jean, les 3 parties en un volume.*

Imitation de Jésus-Christ, 1673.

Epistolæ et evangilia, 1647, *exemplaire d'Anne d'Autriche.*

Heures de Sénault, *reliées en maroquin.*

Psautier de Janet Métayer, 1587, *imprimé sur vélin, richement relié en maroquin.*

Traité du chant ecclésiastique, *par l'abbé Lebeuf, relié en maroquin avec armes.*

Psautier de Janet Métayer, 1587, *imprimé sur papier.*

Lettres de saint Augustin, *traduction d'Arnaud d'Andilly, relié en maroquin doublé, parsemé de croix de Lorraine et aux armes de Colbert.*

Lucretius, *traduction de Lagrange, relié en maroquin vert par Derome.*

L'Anti-Lucrèce, *traduction de Lagrange, relié en maroquin vert par Derome.*

Le Monarque ou Devoir du souverain, *par Sénault, 1671, avec un portrait de Louis XIV ajouté; exemplaire grand papier, aux armes de Marie-Thérèse d'Autriche.*

Justinus, *sans date, vers 1475, relié en maroquin.*

Discours de Machiavel, 1544.

De Conciliis et Synodiis, 1565, *reliure ancienne en maroquin.*

Discours sur la crèche de Notre-Seigneur Jésus-Christ.
De l'Usage des passions, *de Sénault.*
Cabinet des princes, 1672.
Baconis novum organum, 1694.
Morale des jésuites, 1689.
Morale des jésuites, 1669, *3 volumes.*
La Logique, 1675.
L'Art de parler, 1679.
Népotisme de Rome, 1669.
Miroir de la piété, 1678.
Morale d'Épicure, 1686.
Méditations chrétiennes *de Marlborough, 1684.*
Lettres d'Arnaud d'Andilly, 1662.
Voyage d'un chrétien vers l'éternité, 1665.
Recherches de la vérité, *de Marlborough, 1678.*
Doctrine du salut, 1677.
Passions de l'âme.
Avis aux jésuites de Provence, 1687.
Traité de la paresse, 1674.
Les Erreurs populaires, *par Jean d'Espagne,* 1639.
Vigerius : Controversia, 1517.
Fornerius : De Peccato.
Conducteur conduit, *par Jean Gerson,* 1645.
Office de la semaine sainte, 1675.
Sermon de sainte Cécile, 1565.
Traité de la ruine de l'amour-propre, *par dame de Cambry, 1645.*
L'Orateur français, 1674.
Manuel du Nouveau Testament, 1697.
Traité de l'esprit de l'homme, *par Laforge.*
Épîtres aux fidèles, 1676.
Deux livres d'heures, *imprimés sur vélin, l'un de 1510, tous deux avec encadrements.*

Offices des chevaliers du Saint-Esprit, 1703.
Cymbalum mundi, 1732.
Lettres philosophiques de M. de Voltaire, *imprimées sur vélin.*
Manuel d'Épictète, 1775.
Longuet : Lettres politiques, 1646.
La Politique du clergé de France, 1682.
Derniers efforts de l'innocence.
Pratique du clergé de France, *ancienne reliure.*
Doctrine chrétienne, *avec figures et autres pièces, gravées par van Lochove.*
Les divins Hérauts, 1667.
L'Antechrist démontré, 1661.
Jérôme Cardan : De subtilitate, 1551.
Héraut de Jésus.
Histoire de l'âme, *par Charpe, 1545, en maroquin.*
De Viribus imaginationis, *non rogné, 1635.*
Psaumes de David, *en 3 parties, relié en maroquin, 1691.*
Glaive du géant Goliath, 1560.
Heures des laïcs, 1743.
Nouveau Testament. : *Imprimerie royale,* 1649, *richement relié en maroquin.*
Nouveau Testament, 1696.
Nouveau Testament, 1644.
Nouveau Testament, 1633.
Nouveau Testament, 1658.
Augustini confessiones, 1675.
Grotius : De veritate, 1675.
De Veritate religionis.
Imitation de Jésus-Christ, 1683.
Imitation de Jésus-Christ, 1657.
Imitation de Jésus-Christ, *traduction de De Boiste.*
Imitation de Jésus-Christ, *en latin, 1657.*

L'Imitation de Jésus-Christ, 1684.
Psaumes, 1678.
Psaumes de David, 1755.
Psaumes de David, 1653.
Théologie du cœur.
Testament de Portus, 1655.
L'Éducation chrétienne, 1669.
Bibliotheca cartesiana : *Catalogus.*
Critique du jésuite, 1683.
Prières chrétiennes, 1679.
Pensées d'un gentilhomme, 1660.
Les Œuvres mêlées de Temple.
Le Geôlier de soi-même, 1657.
Barbier : Orationum liber, 1652, *non rogné.*
Réflexions libres d'un député, 1745.
Philosophia-Theologia, 1649.
Le Bonheur de la mort, 1712.
Traité de morale.
Panis domini nostri Jesu-Christi, 1518.
Morale chrétienne, *explications en hollandais, cartonné, non rogné.*
Emblèmes d'Alciat, 1622.
Le Riche charitable, 1653.
Bible hébraïque, *17 parties en 4 volumes, de Robert Estienne.*
Alcoran de Mahomet, 1649.
Sagesse de Charron, 1656.
Nouveau Testament de Mons, 1770.
Tableau de la pénitence, *du Père Godeau.*
Règles des sœurs de la Vierge Marie, *en caractères gothiques.*
Éducation des filles, 1729.
Traité de la mémoire, *par Debilly.*

Commentarium in quatuor evangelia, 1631.
Dieu, *elzevir, vélin, 1648.*
Gilberti nova philosophia, *elzevir, 1651.*
Éclaircissements du Jansénisme, *elzevir, 1662.*
Ussius : De lucis natura et historia de controversia.
Descartes : Les Passions de l'âme, 1650.
Descartes : Les Passions de l'âme, 1651.
Duclos : Dissertations sur les principes, 1667.
Gassendi : Exercitatione paradoxia, 1649.
Mornay : Religion chrétienne, *lettres à un ami,* 1679.
Institutiones imperiales, 1673.
Prima Scaligerana, 1601.
Le Nouveau Testament de Notre-Seigneur Jésus-Christ, *traduit en français, 1667.*
Le Nouveau Testament de Notre-Seigneur Jésus-Christ, *traduit en français, 1672.*
Théologie morale des Jésuites, 1669.
Vinnius : Selectarum juris quæstionum libri II, 1653.
Arnaud : Les vraies et les fausses Idées de la recherche de la vérité.
Dumoulin : Des Controverses.
Parival : Le vrai Intérêt.
Réflexions d'un philosophe chrétien, 1688.
De Lignac : De l'Homme et de la Femme.
Abrégé de philosophie naturelle.
Méditations, *par Armand Durfort, reliées aux armes de Mme de Maintenon.*
Rencontre de Bayle et de Spinosa.
Mélanges de philosophie.
Livre de dévotion, *par Ahmid, en turc.*
Proverbes de Salomon, *en français, dédiés à la duchesse d'Angoulême, reliure du temps, avec lettres ornées.*
Traités sur les lois et gouvernement d'Angleterre.

Les Constitutions de Port-Royal.

Nouveau Testament de Mons, 1667, *3 vol. avec annotations manuscrites.*

Liber institutionum.

Oraisons et Méditations de la messe, *avec notes de l'abbé de Saint-Léger.*

Œuvres du cardinal Azzolini.

Éclaircissements sur l'Apocalypse.

Martyrologe *de l'abbé Fenel, en 12 volumes.*

ARTS ET SCIENCES.

La Physique de Scipion Dupleix, *reliure de Duseuil, maroquin, à compartiments.*

Discours sur les médailles, *par Lepoix, maroquin, ancienne reliure.*

L'Art, Science et Pratique du plain-chant et musique, *petit in-octavo, gothique, relié en maroquin.*

Principes de l'architecture, *par Félibien, exemplaire de Colbert, 1676, in-quarto.*

Baconis : Historia naturalis et experimentalis de ventis, *maroquin, non rogné.*

Idem : De generatione animalium, 1651, *non rogné.*

Hippocrate, de 1525, *petit in-folio, reliure de Groslier.*

Discours de Maupertuis, *exemplaire de Maurepas.*

Deux volumes de Pline, *elzevir, 1635.*

Vanité des sciences, *maroquin.*

Le Monde dans une noix, *relié en maroquin par Derome.*

Renati Passini, hortorum liber, 1681, *2 volumes reliés en maroquin, exemplaire du comte d'Hoym.*

Baconis, Tractatus de ventis, *elzévir, 1642.*

Catalogus plantarum horti academici, *elzévir, 1642.*

Celse, 1657.

Curiosités de la nature, *exemplaire de la comtesse de Verrue.*

Catalogue des médailles du cabinet de Lamoignon.

Lettres de Pline, *elzevir, 1640, maroquin rouge doublé.*

Science des médailles, 1727.
Fortifications de Pagan.
Nouveaux Remèdes et secrets de Digby, 1678.
Bacon : De Verulamis, 1644.
Jardin des racines grecques.
Corpus juris civilis, 1664.
Collection de pierres gravées, *publiée par Worledge, peintre, 1768, 3 volumes, reliure anglaise en maroquin bleu.*
De Jure imperii, *4 volumes, 1671.*
Cabinet de prince, 1672.
L'Art de parler, 1679.
Thesaurus phrasium, 1671.
Grammaire déchiffrée, 1680.
Fabre : Du port d'armes, *relié en maroquin.*
Délices du Jardinier.
Marques des chevaux, *en italien, 1770.*
Traité de miniature, 1688.
Nouveau tarif des glaces, *4 volumes sur vélin, 1758.*
Découverte de l'essence de rose, *traduit de l'anglais, Didot, 1804.*
Lettres patentes du roi, 1788.
La Physique expliquée en fables, *par Lescloche, relié en maroquin.*
Doctrine militaire, 1671.
Fonctions de capitaine de cavalerie, 1671.
Maximes de la guerre de Valence, 1671.
Lavater des prêtres, 1659.
Hippocrate de Linden.
Le Pirate, 1682.
Le Flambeau de la mer (grand et nouveau), *par Nicolas-Jan Woog et Keulen, 2 volumes grand in-f°, publiés à Amsterdam vers 1740, avec armoiries.*
Harvæus : De generatione animalium.

Galilæi opera, 1638.
Essai sur le patois lorrain, 1775.
Vocabulaire austrasien.
Lambratius : Catalogus.
Trente et un volumes des petites républiques elzéviriennes.
Traité en pratique du billet.
Recueil sur les monnaies en allemand.
Poluglossoï.
Antiquités de Passeirol.
Cérémonie du sacre des rois de France.
Économie de l'agriculture.
De prima scribendi origine, 1617.
Trésor des deux langues *de Oudin, 1607.*
Dictionnaire de musique, 1768.
Fêtes militaires, 1779.
Les Éléments de l'artillerie.
Perspective militaire de Tourdin.
Défense d'un système de guerre, 1779.
Rudimenta linguæ persicæ, 1639.
Vitus, Græcia illustrata.
Regale militari, *de Melzo, 1611.*
De Militia equestri, d'*Hermann Hugo, in-f°.*
Recherches d'antiquités militaires, *par Delaloze.*
Vinnius : Selectarum juris quæstionum, libri II, 1653.
Observations de la charge de grand-maître de France.
Traité sur les impositions chez les Gaulois.
Traité des fortifications, avec plans.
Poëme turc sur les différentes parties du corps.
Grammaire arabe.
Service des tabacs du XVIIe siècle.
Formulaire de lettres et de requêtes en écriture divani, *in-f°, reliure orientale.*
Faits militaires de Cæsar, *reliés aux armes de Choiseul.*

Mémoire pour les spectacles royaux.

Botanique, *en 6 volumes in-f°, contenant des plantes dessinées et coloriées à la main.*

Traité de l'urgence des places.

Mémoires touchant les fortifications.

Système Vauban.

Cours d'artillerie.

État des personnes qui ont droit de manger à la table du roi.

Veterinaria, libri II, 1592.

Choix de dessins des plus curieuses pierres antiques de l'Angleterre, *par Walling, 2 volumes reliés en maroquin.*

Vocabulaire italien-turc, *par Dussard, de Paris, imprimé en 1654.*

Vitruve, 1552.

Œuvres de Rollin, *6 volumes in-4°, exemplaire à grand papier, relié par Derome.*

Cabinet de Dresde, *in-4°, 1735, papier vélin.*

Traité de l'aimant.

Monument à la mémoire de Louis XIII, 1643.

Daniel Lange : Art des armes.

Maronno : Art des armes, 1568.

Recueil des pièces de monnaies.

Galeries du Luxembourg, musées et Palais.

Salle des croisades de Versailles.

Statuts et règlements des relieurs.

Entretien sur la vie des peintres *de Félibien, exemplaire avec dédicace à Colbert.*

Fauconnerie *de Franchères, 1617.*

Anonymes de Barbier.

Leçons de Paul Palatin, *exemplaire avec armoiries italiennes.*

Cours de chirurgie, *par Velasco, reliure à compartiments avec armoiries.*

André Vésale, Bâle, 1555, relié aux armes de de Thou.
De Funeribus Romanorum.
Ancien Calendrier romain, *avec figures en bois*, 1578, *reliure avec armoiries*.
Calendrier grégorien, *aux armes de Grégoire VII.*
La colonne Trajane, de Bartholi, *in-f°. aux armes de Louis XIV.*
Ruines de Pœstum, Paris, an VII, *1 vol. relié en veau fauve.*
Physiologie de l'homme, *de Barillot*, *aux armes de Letellier.*
Aperçu sur les elzévirs, *imprimé sur vélin.*
Censorinus : Liber de die Natali, 1767.
Traité de l'orthographe française, *relié en maroquin.*
Histoire du syndicat, d'Edmond Richer.
Effets de la force de contiguïté des corps.
Clavis linguæ græcæ, 1651.
Pierres précieuses de Dutens, 1676, *relié en maroquin, par Derome.*
Histoire naturelle des oiseaux de Levaillant (de 1800 à 1806), *figures noires et coloriées, très-bel exemplaire, grand in-f°, relié en maroquin.*
Lycée ou cours de littérature de La Harpe, 1821.
Examen des poudres.
Scruvelii Lexicon, 1682; *maroquin doublé.*
Thesaurus linguæ sanctæ, 1616.
Règles du Parnasse, *en italien*, *demi-reliure, non rogné, 1669.*
Le Parfait Capitaine (1639 à 1652), *éditions diverses.*
Pictura loquens, 1695.
La Rhétorique française *de René Dacy.*
Lettres sur la baguette, de 1696.
Remarques de Vaugelas sur la langue française.
Physique occulte.

Tables des Sinus et Tangentes, *3 exemplaires elzévirs, de différentes dates.*

Magri, de Spectris, 1656.

Modèles de la conversation.

Traité pour dresser les chevaux, en italien, *2 parties en un volume, de Fiaschi et de Grison; reliure à compartiments.*

Baconis Sylva sylvarum, 1661.

Manière de fortifier les places, *maroquin*, 1683.

Éléments de linguistique.

Hornius : Historia naturalis, 1670.

Hornius : Orbis imperium.

Grammaire persane *avec traduction française.*

Marine militaire, *par Ozanam.*

Grotius : Lavore del marino.

Eucoma rerum admirabilium.

Action de l'orateur, 1686.

Art du chant, *par Bernard, grand in-8°.*

Historia naturalis a Plino secondo, 1543, *petit in-4°.*

Meditationes magni Hypocrati, *elzévir, 1672, non rogné.*

Albertus Magnus : de Tractatibus herbarum, 1470.

Économie animale, 1646.

Sur la Banque de France, 1665.

Poetica Aristotelis, 1760.

Traité de chant ecclésiastique, *par l'abbé Lebœuf, relié en maroquin, avec armes.*

Jardin des racines grecques.

Collection de pierres gravées, *publiée par Worlidge, peintre, 1768.*

Catalogue de Debauze.

Thesaurus phrasium, 1671.

Fabre : Du port d'armes, *relié en maroquin.*

Marques des chevaux, *en italien*, 1770.

Traité de miniature 1688.
Nouveau Tarif des glaces, 1758 ; *4 volumes sur vélin.*
Découverte de l'essence de rose, *traduit de l'anglais, Didot, 1804.*
Doctrine militaire, 1671.
Fonctions de capitaine de cavalerie, 1671.
La Transformation métallique, *en vers, 1561.*
L'Hypocrate, *de Linden.*
Bibliotheca cartesiana : Catalogus.
Vocabulaire austrasien.
Vignoles : Des cinq ordres d'architecture.
Harvæus : De generatione animalium.
Remarques sur la langue française, *par Vaugelas.*
Traité et pratique des billets.
Facilis institutio in linguam gallicam, *par Le Daroy,* 1688.
Histoire des chemins de fer.
Économie de l'agriculture.
De primâ scribendi Origine, 1617.
Trésor des deux langues, *de Oudin,* 1607.
Dictionnaire de musique, 1768.
Proposition d'une mesure de la terre.
Perspective militaire, *de Tourdin.*
Vitruve, 1686.
L'Art de la guerre.
Rudimenta linguæ poeticæ, 1639.
Défense d'un système de guerre, 1779.
Regale militari, *de Melzo, 1611.*
De militia equestri, *de Hermann Hugo, in-f°.*
Recherches d'antiquités militaires, *par Delaloze.*
Maudet : Tabacologie, 1622.
Ussius : De lucis natura et historia de controversia.
Éducation des enfants, 1679.

Jugement astronomique, *par Boulainvilliers.*
Traité des Fortifications, *avec un grand nombre de plans.*
Grammaire arabe, *en arabe.*
Recherches d'antiquités nationales *de Delaloze.*
Thesaurus phrasium.
Catalogue des Elzevirs *de 1674.*
L'Art de parler, *Elzevir, 1676.*

FANTAISIES

OUVRAGES ÉROTIQUES, etc, etc.

Traité sur les jeux en Italie, *édition de 1540, reliure du XVIe siècle, petit in-folio.*

Amusements de la chasse et de la pêche, *non rogné.*

La fausse Clélie, 1680.

Œuvres de Coquillard, *in-8°, maroquin.*

Galanterie de la cour de Grèce.

Ménagerie de l'abbé Cottin.

Intrigues monastiques, 1739.

Adélaïde de Champagne, 1680.

Amours des grands hommes, *de Villedieu, 1710.*

Momus, *français,* 1718.

Amours de Lysandre et d'Eucharistie, *elzévir, 1663.*

Amours du grand Alexandre, 1684.

Ariadna, *elzévir,* 1664, en 3 volumes, 1663.

Le Capucin démasqué.

Le Jésuite défroqué.

Tableau de l'amour conjugal, 1687.

Le Plaisir des dames, 1643, *relié en vélin.*

Jonathas *de* 1667, *relié en vélin.*

Comte de Gabalis, 1681, *relié en vélin.*

Plaisir des dames, 1642.

Mercure espagnol, 1670.

Vertueuse Sicilienne, 1742.

Promenades d'Aristie et Sophie.

Diable confondu.

Heures perdues, 1716, *demi-reliure, non rogné.*

Chimère de la cabale, 1691, *demi-reliure, non rogné.*

L'Art de plumer la poule sans la faire crier, *demi-reliure, non rogné.*

La Prudence, *elzévir, 1677, non rogné.*

Ruses de l'amour, 1676, *non rogné.*

Diables de Loudun, 1752.

Oracles des sibylles, 1694.

Bizarria academica, 1651.

Roman ridicule de Saint-Amans.

Putanisme de Rome, 1670.

Le Cocu, 1679.

Histoire amoureuse des Gaules, 1677.

Histoire amoureuse de France.

De docendâ Uxore, *chronique scandaleuse.*

Rettorica delle Putane, 1673.

Roger Bontemps, 1670.

Entretiens d'Ariste et d'Eugène.

Plaisir du mariage des Hollandais.

La Demoiselle à cœur ouvert, 1682.

La Pucelle, 1656.

Le Moyen de parvenir, *elzévir.*

Mémoires de Montrésor.

Priviléges du cocuage, 1682.

Tabarin, 1664.

Calvaire profane.

Alaric ou l'homme vaincu, 1656.
Histoire de Francion, 1668, *avec petites figures.*
Éloys, *par Desmarest, 2 exemplaires.*
Amours de Mlle de Lauzun.
Histoire galante, 1709.
Moyen de parvenir, 1738.
L'Esprit familier de Trianon.
Comte de Gabalis, 1692.
Histoire amoureuse du congrès d'Utrecht, *2 exemplaires, édition sans date, avec figures.*
Entretiens curieux, *Amsterdam,* 1686.
Les Femmes et leur condition, *avec dessins originaux.*
Amours de Théagène et de Chariclée.
Marchand converti, 1561.
Pronostications de Quintila.
Le Sage résolu, 1661.
Aventures de Sylvie de Molière, 1700.
Recueil d'histoires galantes, 1700, *non rogné.*
Amours de Gonzague, 1666.
Double cocu, 1678.
Dames dans leur naturel, 1688.
Chronique scandaleuse de Lepetit, 1668.
Le Rasibus, ou le procès fait à la barbe des capucins, 1680.
Lettres d'amour d'une religieuse portugaise, 1662.
Damon et Pythias, 1657.
Aventures d'une dame de qualité, 1776.
Amours de Messaline, 1689.
Le Bourguignon désintéressé, *vers* 1682.
Le Jésuite insensible, 1684.
Recueil de chansons, *par Laval, relié en maroquin.*
Poésies facétieuses, *2 volumes.*
Regrets des filles de joie.
Puttanismo di Roma.

Commodité des bottes en tout temps, *petite pièce gothique.*
Amours d'Ircandie.
L'Art de faire des garçons.
Le Balai.
Courses de bagues.
Zaïd, histoire espagnole.
Histoire des favoris.
Les Sœurs rivales.
Fausse Clélie, 1680.
Musique du diable, 1711, *non rogné.*
L'Ombre dans la lune, 1671.
Courrier burlesque, 1650.
Journal amoureux très-court, 1671.
Petit Dictionnaire des précieuses, 1760.
Moyen de devenir riche, 1636, *un volume.*
Petit Tabarin.
Mercure galant.
Amours d'Alcibiade.
Bréviaire des courtisans, 1671.
L'Amour en fureur, 1696.
Élite des bons mots, 1709.
Apologie de Cartouche.
Merveilleuses victoires des femmes, *réimpression.*
Maximes de l'amant, 1707.
La Sauce au verjus, 1674.
Serments de Galibert, 1485.
Cora Mustapha, 1685.
France galante, 1696.
Amours du duc de Luxembourg, 1694.
Amours de l'empereur du Maroc avec la princesse de Conti.
Mémoires d'un favori du duc d'Orléans.
Académie des galants, 1682.
La Malice découverte, 1681.

Journal galant, 1685.
Laus asini, 1629.
Amours de Gonzague.
Guerre des auteurs, 1671.
Recueil de pièces galantes, 1668.
Recueil de pièces galantes, 1663.
Recueil de curiosités, *d'Emery*, 1684.
L'École pour rire, 1682.
Grisdelin, 1674.
Mémoires de la Calotte.
La Princesse de Montpensier, *édition de Renouard, 1804, imprimé sur vélin.*
Le Bourguignon intéressé.
Rome pleurante.
Le Langage muet, 1788.
Merlin Coccaïe. *Venise,* 1554.
Le grand Alcandre Frusquin, 1719.
L'Espiègle, 1702.
Histoire des prouesses illusoires, 1684.
Anecdotes persanes, 1729.
Les Amours du duc de Guise, dit le Balafré, 1695.
Le Monde dans une noix, *en allemand.*
Clavis dilectorum, 1703.
La Nef des dames vertueuses, *en caractères gothiques.*
Oracles divertissants, 1669.
Le parfait Ambassadeur, *par Lancelot,* 1642.
Les Sorciers, *dialogue par Louis Daneau,* 1574.
La Méchancetédes filles, 1729.
Stultiferæ naves sensus animosque trahentes, mortis in exitium (autore Jodoco Badio Ascensio), 1497.
Cabinet jésuitique et autres pièces satyriques.
Tuba magna, 1760.
Amours du duc de Richelieu, 1700.

Contes de Pogge, 1712.

Le Carméliste français, 1768.

Mars à la mode.

Laus asini, 1623.

Schurmann : Dissertationes de ingenii muliebris ad doctrinam et meliores litteras aptitudine, 1641.

Almanach nouveau du palais pour l'année 1704.

L'Oracle de l'amour pastoral, *avec autographe de Sainte-Foix.*

Histoire amoureuse de Peters, 1698.

Héros de la France sortant de la barque à Caron, 1694.

Moyens de se guérir de l'amour, 1671.

Triomphes des jeunes, 1722.

Mon oisiveté, 1779.

Facéties.

Complainte de Trop-tard-marié, *en caractères gothiques, relié en maroquin rouge par Petit-Bauzonnet.*

Lois d'amour.

Soupirs de la fleur de lys.

Devins des grands.

Amours de l'empereur du Maroc, 1707.

Cérémonie nuptiale de Saice.

La Lorgnette du diable.

Commodités des bottes en tous temps.

Primus de virginitate, 1650.

Mariage d'Oronte et de Satyre, 1649.

Mont enchanté, de Bègues.

Histoire des amours du duc de Guise, dit le Balafré.

Traité du point d'honneur, 1678.

L'Enfant supposé, 1700.

Les Imaginaires et les Visionnaires.

Aristippe ou de la cour, *par le Sr de Balzac.*

Éloge de la folie, d'Érasme.

Journal amoureux de Barbin.
Mercure galant, 1678 *et années suivantes.*
Promenades de M. Lenoble.
Contes de La Fontaine, 1685.
Lumière du cloître de Calau, 1646.
Le Mérite des enfants.
Chants de Tyrtée, *édition Didot,* 1827.
Visions de Queveddo.
L'Amoureux africain.
L'heureux Esclave.
Conquête du grand Alcandre.
Amours de Louis le Grand.
Défense du cœur.
Axamine, ou le Roman chinois.
Galanteries de l'Isle de France.
Sylves lyriques *de Jacques Balde.*
Discours sur la superstition, *par Durandel.*
Amour en fureur.
L'Aventurier Buscon de Quevedo, 1668.
L'Histoire amoureuse des Gaules, *de Bussy-Rabutin.*
Amour et Amitié, *de 1664 à 1690.*
Caractère des passions, *de La Chambre.*
Aventures de la belle Anglaise.
Amours du maréchal de Luxembourg.
Entretiens de Cléante.
Morale galante.
Les Amours du duc Charles.
La Devineresse.
Le Chien de Boulogne.
Le Marquis ridicule.
Les trois Dorothées.
Épîtres dorées, de Guevare, 1575, *deux exemplaires, dont l'un relié à compartiments et du temps.*

Les illustres Infortunés, 1695.
Don Quichotte espagnol, 1610.
L'Ariane *de Desmarets, 1644.*
Baudii amores et epistolæ, *elzévir, 1638.*
Imposteurs insignes.
Galanteries amoureuses de la cour de France.
Entretiens des animaux parlants.
Les Balivernes d'Eutrapel *de Noël du Fail; publié à Londres.*
Esprit du maréchal de Luxembourg, 1695.
L'Héroïne mousquetaire, 1677.
Traité de la civilité, 1679.
Examen des esprits *de Huart.*
Rolland furieux, 1569, *2 v.*
Alaric ou l'homme vaincu.
Lettres curieuses de Piela, 1677.
Entretien de Marforio et Pasquin, *avec figures.*
Semaine burlesque, 1666, *elzévir.*
Origine des étrennes, *exemplaire de de Thou.*
Disgrâce du comte d'Olivarès.
Amours de Gonzague.
Devoirs de l'homme d'épée.
La Vie du roi Almanzor, 1671.
Onguent pour la brûlure, 1669.
Oraculum manuale, 1649.
La Danse galante *(nouvelle), non rogné.*
Beau Jour de la paye, 1709.
Récréations des capucins.
Œuvres de Philippe Desportes, 1600.
L'Homme de ruelle, 1627.
L'Amour à la mode, 1695.
L'Homme de cour, *de Balthazar Gratian, 1685, maroquin.*
Belle Égyptienne, *par Salhay.*
Nouvelle allégorique, *de Furetières, 1658.*

Aventures de Sylvie de Molière, 1722, *2 vol.*
Dialogues de l'Aretin.
Lettres d'amour d'un religieux portugais.
Vie de l'esprit, *non rogné.*
Romans bourgeois.
Aventures de Sylvie de Molière, 1703.
Manière de penser, *du Père Bouhours.*
Amours des rois de France, 1739.
Discours du chevalier Digby, 1681.
Lettres d'une religieuse portugaise, 1760.
Livre du courtisan, *Alde, 1547, in-8°, riche reliure du temps à compartiments.*
Euphorion satyrica, 1610, *reliure à compartiments.*
L'illustre Parisien, 1669.
Figures du songe drolatique, *en allemand.*
Pudeur éteinte.
La Coiffure à la mode.
École de Salerne.
Histoire de Jeanne Lambert.
Satira monasterii, 1617.
Pauli Colomerii opuscula, 1669.
Lettres de Balzac, *elzévir, 1658.*
Merlin Coccaïe, 1692.
Œuvres de Corneille Blessebois, *Filon, 1676, 2 vol. elzévir.*
L'Art de plaire.
Le Jésuite à tout faire.
Histoire galante, 1700.
La Fatalité de Saint-Cloud.
Carte géographique de la cour, 1668.
Le Pélerin, nouvelle.
Cabinet des princes, 1672.
Népotisme de Rome, 1669.
Histoire amoureuse de Peters, 1698.

Héros de la France, sortant de la barque à Charon.

Académie galante, 1682.

Journal galant, 1685.

Conversation de Mlle Scudéry.

Avis aux jésuites de Provence, 1687.

Moyen de se guérir de l'amour, 1671.

Traité de la paresse, 1674.

Les Quatrains de Pibrac.

L'Heptaméron, *de Gruyer*, 1698.

Traité de la ruine de l'amour-propre *de dame de Cambry*, 1645.

Poëme anacréontique, 1795.

Il libro del Perchè, la pastorella del marino, di Aretino, 1747, *2 volumes sur vélin.*

Nouvelles galantes; *Londres*, 1793, *3 volumes sur vélin.*

Derniers Efforts de l'innocence.

Amours de Grégoire VII, 1702.

Poemata juvenilia, 1669.

Aventures de Sylvie de Molière, 1696.

L'Antechrist démontré, 1681.

Glaive du géant Goliath, 1560.

Virgile travesti, de 1548 à 1550.

Le Geôlier de soi-même, *très rogné*, 1657.

Recueil de pièces galantes, 1685.

Triomphe des femmes, 1722.

Amours d'une Anglaise, 1685.

Le Riche charitable, 1653.

L'Héroïne mousquetaire, 1678.

Mémoires sur la vie de Sylvie de Molière.

Hippolytus redivivus, id est remedium contemnendi sexum muliebrem, autore S. I. T. D. V. M. W. A. S., 1644.

Delle Maridate Canzoni.

L'Héroïne mousquetaire, 1678.

MANUSCRITS.

Preces piæ, *manuscrit du* XVIe *siècle, sur vélin, avec miniatures; relié en maroquin.*

Pièces diverses, *manuscrit sur vélin avec ornements, reliure à compartiments.*

Prévôts, marchands et échevins de la ville de Paris, *exemplaire aux armes de la ville de Paris, relié en maroquin.*

Manuscrit de Chevillard, *un volume in-folio.*

Histoire de Mahomet et de ses successeurs, *manuscrit du* XVIe *siècle, exemplaire de Rieux, riche reliure.*

États du Roussillon, *manuscrit relié en maroquin.*

Coran, *manuscrit oriental, relié en cuir de Russie.*

Phèdre (fables), *petit manuscrit relié en maroquin.*

Preces piæ, *manuscrit du* XVe *siècle avec miniatures, maroquin doublé.*

Chronologie, *manuscrit formant un rouleau très-gros avec miniatures en grisailles en très-grand nombre, relié en parchemin.*

Le dict des philosophes, *manuscrit du* XVe *siècle sur vélin avec miniatures, parfaitement conservé, richement relié en maroquin, reliure d'exposition* (*G. de Thignonville*).

Manuscrit, *sur vélin, avec miniatures en grand nombre avec entourages, et orné d'une reliure du* XVIe *siècle, au chiffre de Catherine de Médicis.*

Album *du* XVIe *siècle, contenant des autographes de divers Allemands de cette époque; quelques dessins et des blasons.*

Manuscrit sur vélin, *contenant des prières latines, relié en maroquin.*

État de la forêt de Fontainebleau, *manuscrit sur papier, richement relié en maroquin doublé.*

Prières de Mme Adélaïde de France, *manuscrit sur papier, ancienne reliure en maroquin.*

Preces piæ, *manuscrit sur vélin avec miniatures et ornements or et couleur.*

Preces piæ, *format in-16, relié en maroquin du* XVIe *siècle, avec fermoirs en argent et jolies miniatures.*

Cinq volumes, *manuscrits sur parchemin du* XVe *au* XVIe *siècle.*

Règlements de la seigneurie de Venise, *manuscrits richement reliés.*

Andrelini Fausti epistola ad Annam Francorum reginam, *manuscrit sur vélin ayant appartenu à Anne de Bretagne avec miniatures et encadrements à ses armes, écrit vers 1500; reliure à compartiments, bien conservée.*

Collectarium, à l'usage de l'abbaye de Sainte-Geneviève, *manuscrit sur vélin avec miniatures et lettres ornées,* 1712.

Plusieurs rouleaux sur vélin dans des étuis, *contenant des calendriers arabes et persans avec versets du Coran.*

Quatre manuscrits, *ancienne reliure à compartiments:* Traité de rhétorique, *relié en vélin;* Prières *et autre petit volume de prières du soir, 1560;* Poésie française, *recueil de pièces gothiques.*

Manuscrit de la Cité de Dieu, *de saint Augustin, Florence, 1476, en latin, sur vélin avec encadrements en or et en couleur formant miniatures, bien conservé.*

Les quatre Évangélistes, *manuscrit sur vélin du milieu du* XVIe *siècle, belles miniatures avec une sur le premier feuillet, bien conservé; riche reliure en maroquin.*

Sermons, *sur peau de vélin.*

Virgile, *manuscrit du* XVe *siècle sur vélin, dont la première page est ornée d'une peinture or et couleur, ainsi que les lettres initiales.*

Traité de géométrie *par Léonard de Pise; manuscrit, imparfait à la fin, écrit dans le* XIVe *siècle, orné d'initiales en couleur et de figures de géométrie; relié en parchemin.*

Horatii opera, *1 volume petit in-folio, manuscrit du milieu du* XIIe *siècle, mais imparfait à la fin.*

Les Évangiles et la Passion de Jésus-Christ, *manuscrit du* IXe *siècle, sur parchemin, avec des peintures en style byzantin, bien conservé.*

Bible, *manuscrit du* XIIIe *siècle, sur vélin, avec lettres et ornements en or et couleur, bien conservé.*

Jose Damasceni opera.

Saint Augustin : De anima, *2 volumes manuscrits de la fin du* XIIe *siècle, reliés en veau.*

Traité contenant les statuts et règlements de la cité de Venise.

Évangéliaire, *manuscrit du* X^e^ *siècle, sur parchemin, avec miniatures sur fond de pourpre, fermoir en cuivre doré, imparfait à la fin.*

Extraits des Offices de Cicéron, *trois livres manuscrits, dédiés à Eneas Sylvius, le pape Innocent II, du* XVe *siècle, reliés en bois.*

Relations du sérail, 1646, *manuscrit relié sur papier aux armes de de Machaut.*

Un volume manuscrit : Généalogie de la maison de Maillard.

Trois volumes, *avec miniatures en or et couleur.*

Sept autres, *sur vélin avec peintures, or et couleur et ornements.*

Contrôle du régiment de cavalerie (sans date).

Élégies, 1741.

Petit tarif, *sur vélin.*

Petit manuscrit de poésies anciennes, 1541.

Méditations du cœur, *en latin, relié en bois.*

Évangéliaire du IXe siècle, *avec canons or et couleur en style byzantin, relié en maroquin avec armoiries; manuscrit offert à Agobard.*

Commentaires sur les épîtres et les évangiles avec glose, *manuscrit du* XIIe *siècle, relié en veau.*

Autres Commentaires sur les évangiles de saint Luc, *manuscrit du* XIIe *siècle, sur vélin avec de belles lettres ornées.*

Autres Commentaires sur saint Luc et saint Mathieu, du XIIe siècle, *avec lettres ornées; demi-reliure.*

Livre de la doctrine chrétienne de saint Augustin, *relié en bois, du* XIIIe *siècle, sur vélin.*

Macrobe, *du* X^e^ *siècle, sur vélin avec lettres ornées, relié en bois.*

Histoire ecclésiastique d'Eusèbe, *du* XVe *siècle, sur vélin, relié en veau.*

Arator et autres poésies *du* XIIe *siècle, sur parchemin, relié en bois.*

Concordances de la Bible, *sur vélin, du* XIIIe *siècle, relié en maroquin noir.*

Florus et Salluste, *sur vélin, du* XVe *siècle.*

Emilius Probus, *du* XVe *siècle, style italien avec ornements.*

Térence (incomplet au commencement), *comédies; manuscrit italien sur vélin, du milieu du* XVe *siècle, cartonné richement.*

Bible, *sur vélin avec lettres ornées, écrite au* XIIIe *siècle et reliée en maroquin noir.*

Plaute, *du* XVe *siècle, contenant six comédies en italien, sur vélin, relié en veau avec ornements.*

Titi Vespasiani historia, *du* XVe *siècle, poëme du temps avec miniatures en tête du manuscrit.*

Statuts de l'ordre des Prémontrés, *sur parchemin du* XVe *siècle.*

Quatre autres manuscrits, *sur vélin,* Prières, Sermons de saint Bernard, Vocabulaire *du* XVIe *siècle.*

Petits livres de prières.

Quatre bréviaires, *sur parchemin.*

Monitor patrum.

Règle de saint Benoist, *du* XVe *siècle,* et Psaumes de David.

Psautier, *format in-16.*

Traité de morale, *sur parchemin.*

Considérations chrétiennes, *sur vélin.*

Histoire scholastique *du* XVIIIe *siècle, sur vélin avec lettres en or, relié en bois.*

Explanatio in libro Exodii, patrum collecta *du* XIIIe *siècle, sur vélin, relié en bois.*

Boétius : Consolationes philosophiæ, *avec une glose sur vélin,* I *volume in-4°, relié avec luxe en veau,* XIVe *siècle.*

Inventaire de l'abbaye de Saint-Denis, 1703, et un certificat d'Antoine de Gonesse.

Director confessorum, *du* XVe *siècle, sur vélin, relié en parchemin.*

Tables astronomiques du roi Alphonse, *du* XIIIe *siècle, sur vélin, relié en veau.*

Juvénal et Perse, *manuscrit du milieu du* XVe *siècle, avec très jolies lettres ornées et d'une conservation curieuse, sur vélin.*

Statii Achilleïs, *du* XVe *siècle, relié en mouton.*

Commentaires sur les problèmes d'Aristote, *par Théodore Gratien, de 1466, relié en veau.*

Cicéron : De Officiis, *du* XVe *siècle, sur vélin, relié en parchemin.*

De Officiis, *de saint Ambroise, de 1440, sur vélin, relié en veau.*

Le roi Modus, *manuscrit du* XVe *siècle; commencement endommagé.*

Miroir du monde, *en vers du* XVe *siècle, petit in-folio sur vélin avec une miniature, relié en maroquin.*

Romans dédiés à Heldfort, *sur vélin, du* XIVe *siècle.*

Diplôme, *en allemand, avec un beau sceau renfermé dans un étui.*

Titre de noblesse, *relié en velours renfermé dans un étui avec un volume intitulé :* Gages du secrétaire du roi, 1662.

Cent soixante-dix-neuf rouleaux : Anciennes Chartes sur l'Artois, *dont 47 sur la ville d'Arras et le reste sur Béthune, la plupart des* XIIIe *et* XIVe *siècles, avec 21 rouleaux sur Bapaume.*

Une autre collection de Chartes *de 142 pièces, dont 24 en patois du nord de la France des* XIVe *et* XVe *siècles.*

Plusieurs livres de comptes de 1482, 1530, 1533.

Plusieurs livres de comptes de la cathédrale de Bayeux, 1510.

Plusieurs livres de comptes de la ville de Bayeux, 1528.

Portulan, *grand in-folio, manuscrit du* XVIe *siècle, sur vélin, colorié, avec de riches ornements et une couverture fleurdelisée.*

Comptes de Saint-Pierre de l'Isle, *formant 2 vol. in-f°, demi-reliure, manuscrits de 1560 à 1602.*

Légende dorée, *un vol. in-folio, relié en veau.*

Commentaires sur les homélies de saint Jean Chrysostôme, *sur vélin, bien conservé, relié en veau.*

Cantique des Cantiques, *du* XIIIe *siècle, sur vélin avec initiales en or et couleur et des grotesques sur les marges.*

Arnobe : sur les Psaumes, *du* XIIe *siècle, relié en veau.*

Rationale des divins offices, 1431, *relié en veau.*

Du Régime des princes.

Œgidius Romanus, 1436.

Comptes des fortifications de Béthune, *de* 1515 *à* 1645, *sur parchemin, demi-reliure en veau.*

Chartes, *au nombre de* 50 *à* 60, *sur vélin du* XIVe *siècle, avec sceau et un rouleau de pièces généalogiques.*

Cinq cartons renfermant des Chartes, *sur vélin, environ mille pièces dont un fort dossier sur la Provence, la Normandie et la Flandre,* XIIIe *et* XIVe *siècles.*

Recueil de l'histoire de Taragona, 1582, *manuscrit avec reliure du temps.*

Mémoires sur la Flandre occidentale, *in-f°, manuscrit avec armoiries.*

Manuscrit de théologie, *du Père Amelot, 5 vol. avec guirlandes de fleurs et dessins, exemplaire de du Harlay.*

Les Campagnes de Louis XIV; *richement relié en maroquin aux armes de Conti, avec plans de ville coloriés* (1690-1692) *et un très beau dessin en tête de la campagne de 1692, par Van der Meulen.*

Cartes géographiques : Villes d'Allemagne, *in-4° oblong.*

Deux portulans, *sur vélin, par Clarius, du milieu du* XVIe *siècle, l'un en français, l'autre en espagnol.*

Bulle du pape Léon, 1517.

Recueil intitulé : Titres de la maison rue Geoffroy-Lasnier, *avec la date de 1695.*

Cartes manuscrites de l'ancienne Provence.

Atlas du canal du Languedoc, *avec plans coloriés.*

Manuscrit sur le blason et sur diverses généalogies.

Musique du « Domine, salvum fac regem », *de M. de Lalande.*

Extraits des manuscrits de Peiresc, *avec un autographe de Riga; additions autographes de Peiresc.*

Neuf discours du père De la Ruelle, *prononcés à Poitiers de 1562 à 1585, copies du temps.*

Histoire du ministère du cardinal de Richelieu.

Manuscrits sur les finances et l'administration, 7 *volumes de la collection de M. Machaux d'Arnouville.*

Lettre pastorale de l'archevêque de Sens.

Coutumes d'Anjou, *manuscrit autographe de Bethizy.*

Cartas acordonatas, *manuscrit espagnol du* XVIIe *siècle.*

Traité de la fortification, *manuscrit avec plans et quelques dessins à la plume.*

Recueil de cartes des chemins de province dans la sénéchaussée de Toulouse, *un volume in-folio oblong; cartes et plans coloriés.*

Théorie et pratique du commerce de la marine, *par Forbonnais, manuscrit de six cents pages, original.*

État des vivres pour l'année 1747; armées de Flandre et de Provence, 2 *volumes.*

État de ce qui est dû au duc de Ferron par le roi, *en 1556, copie du temps.*

Un État de la marine de 1721 à 1724, *grand in-folio.*

Trois cartes manuscrites du cours de la Queich, *coloriées et collées sur toile.*

Recueil d'un voyage fait en Turquie et en Perse, *en italien, copie du* XVIIe *siècle, un volume in-folio.*

Régie des vivres, *pièces du Dossier des années 1741 à 1749.*

Mémoires adressés au contrôleur général par Tavernier.

Registre du contrôle des finances de France pour l'année 1659, *manuscrit original, aux armes de Fouquet.*

Manuscrit en langue basque, *sur papier à deux colonnes et avec la date de 1452; dix-septième jour d'octobre et signé :* PIERRE LAFAYE, *un volume in-f° bien conservé.*

Soëlange, *manuscrit en vers et en prose.*

Recueil d'Évangiles, *manuscrit.*

FIN.

TABLE.

A. Quantin imprimeur
r. S. Benoit, 7. à paris

A. Quantin imprimeur
S. Benoit, 7, à Paris

www.ingramcontent.com/pod-product-compliance
Lightning Source LLC
Chambersburg PA
CBHW071832090426
42737CB00012B/2233
* 9 7 8 2 0 1 4 4 8 2 5 4 6 *